アメリカ白人が少数派になる日

「2045年問題」と新たな人種戦争

White Americans Anxiety of Becoming Minority
—New Racial Conflict or Building Multiculturalism

矢部 武 著

かもがわ出版

はじめに

米国は世界中の国々から移民を受け入れ、様々な人種、民族が平等に共存する「多文化主義社会」の実現をめざしてきた。本書は、米国の「壮大な社会実験」の現状と課題を明らかにし、今後の行方について考察したものである。

なぜ今、それを行う意味があるのかと言えば、米国社会でずっと支配的な役割を果たしてきた白人が近い将来多数派を失うとの人口予測が出たことで、保守の白人層が不安や恐怖を感じ始め、その結果、「米国は白人がつくった国だ」という本音をむき出しにするなど、多文化主義に逆行するような動きが目立ってきたからである。この状況はある意味、米国の多文化主義社会に向けた取り組みがいよいよ正念場を迎えたと言うこともできるが、そもそも白人はなぜ多数派を失うことになったのか。

米国の移民の歴史を簡単に振り返ってみると、１６００年代にイギリスから「ピューリタン」と呼ばれる清教徒が自由を求めて米国に渡り、マサチューセッツ州東部の町「プリマス」に到着し、それが白人の移民の大きな流れとなった。それ以来、白人はずっと圧倒的多数を占めてきた。１７７６年にアメリカ合衆国が建国された時、白人の人口は全体の約80％を占め、１９２０年にはそれが90％近くに上昇し、１９５０年までその割合が維持された。ところがその後、ヒスパニック（スペイン語を母語とするラテン・アメリカ系住民）

や黒人、アジア系など有色人種の人口が激増し、２０１６年に白人の割合は約60％に低下した。

それから２０１８年3月には、国勢調査局から、「このままのペースで有色人種の人口が増え続けると、２０４０年代半ば（２０４５年）に白人は少数派になるだろう」との人口予測が発表された。白人たちは衝撃を受けたわけだが、それはなぜか。

白人の多数支配の崩壊は、「米国人になるとはどういうことか」というアイデンティティの基盤を揺るがしかねない重大な問題だからである。

従来、米国にやってくる有色人種の移民や米国に住むマイノリティにとって、「米国人になる」とは個々の人種的背景や文化を追求するというより、むしろ「白人の文化に適応する」ことだった。しかし、白人が少数派になることで、白人が有色人種の文化を学ばなければならない時代がやってくるかもしれない。それまで維持してきた「米国人＝白人」というアイデンティティが通用しなくなるかもしれないのである。

さらに白人たちのもうひとつの懸念は、少数派になることでそれまで維持していた「白人の特権」を失うかもしれないことだ。白人の特権については第一章で詳しく述べるが、一言でいえば、白人が生まれながらに得られる「恩恵」のことだ。たとえば、人種を理由に社会でひどい差別を受ける心配がないとか、他の人種の人たちほど努力しなくてもある程度の成功を収めることができる（米国社会のシステムは主に白人の文化や価値観をもとに作られているため）、などである。

白人たちのなかには国勢調査局の予測が出る前から、多数派支配を失うことに対し不安や恐怖を感じている人が少なくなかったようで、実はそれが２０１６年大統領選の結果に影響を与えた可能性があると言われている。つまり、当時のトランプ候補は白人たちの不安にうまく付け込み、「米国を再び偉大にする」とのスローガンを掲げて当選したが、そのメッセージには「〝白人の米国〟を再び偉大にする」「私が大統領になれば白人の支配を維持できるようにする」との隠された意味がこめられていたということだ。

それはトランプ大統領が就任後、イスラム圏など８カ国からの入国禁止令を発令したことや、メキシコとの国境の壁建設を議会の強い反対にもかかわらず強硬に進めようとしていることなどからも明らかである。そこには移民の受け入れを制限することで有色人種の人口増加を抑え、自身の白人支持者の不安を和らげようとする狙いが透けて見える。

私は20歳の時に初めて渡米して以来、40年以上米国とつき合っている。取材者の目で米国をウォッチするようになったのは１９８０年代半ばだが、米紙の記者として、その後はフリーのジャーナリストとして人種問題や銃社会、麻薬、少年犯罪、高齢化などのテーマを追いかけてきた。そのなかでも特に人種問題には強いこだわりをもっている。なぜなら、私自身が1970年代半ばにロサンゼルスの「エヴァンズ・アダルト・スクール」という移民学校で、世界中の国々からやってきた移民たちと一緒に英語を勉強し、異文化体験のすばらしさを肌で感じたからである。

多くの人種、民族が集まって生活すると、そこには文化衝突などの問題も起こるが、それ以上に新たなアイデアや可能性、エネルギーが生まれてくる。それが、移民大国アメリカの強さの源泉になっていることを私も実感した。当時の米国は今のトランプ政権下と比較にならないほど移民や外国人に対して寛大だった。なにしろ外国人の私に2年間も無料で学生ビザを発行し、英語を勉強させてくれたのである。

米国にやってくる移民の多くは最初、米国社会のことをよく知らないばかりか、英語も話せなかったりする。そこで彼らに最低限の英語力と一般教養を身につけてもらう目的で、政府が設立したのがアダルト・スクールである。そこでは英語の他に米国の歴史・政治、社会一般、時事問題などの授業も行っている。アダルト・スクールは現在も存在するが、トランプ政権によって予算は大幅にカットされ、学校の数や生徒数などはかなり減らされてしまった。本書では、トランプ政権が進める反移民政策の実態についても明らかにする。

米国の人種問題はつねにダイナミックな変化を続け、かつての「白人対黒人」という構図から、白人、黒人、ヒスパニック、アジア系などの「多人種関係」へと移行し、そこで多文化主義が重要なテーマとなってきた。米国は長い間、人種差別や白人至上主義などと闘いながら、多文化主義社会の実現を目指してきた。1964年には人種、性、宗教、国籍、出身国、肌の色などにもとづく一切の差別を禁止する「公民権法」が制定された。そして2009年には建国以来、初めてのアフリカ系米国人のオバマ大統領が誕生し、「米国の人種問題は画期的に改善された」と多くの人が思った。ところが、現実はそれとまったく逆の方向に進んでしまった。

人種的力学と政治的行動の関係について研究しているイェール大学心理学部のジェニファー・リチェソン教授は、こう指摘する。

「人種構成の劇的な変化がオバマ大統領の当選を後押ししたのは間違いないが、一方で、多数派の白人たちのなかにはこれを心理的な脅威と受けとめる人も少なくなかった。人は心理的に脅かされると、政治的に保守的な行動を取る傾向があり、結果的にオバマ大統領の勝利は〝プロ・ホワイト・ポリティクス〟（白人優先の政治）の台頭を生んだとも言えます。つまり、オバマ大統領の勝利が一定数の白人に脅威を与え、〝（白人の）米国第一主義のイデオロギー政治〟への道を開いたということです」

黒人初の大統領の誕生が米国の人種問題を解決に向かわせるのではなく、「白人の米国第一主義」を掲げて、反移民、反マイノリティの政策を進めるトランプ大統領の当選の原動力となったというのは、実に皮肉な話である。それだけ米国の人種問題は複雑で根が深く、容易には解決できないということかもしれない。

白人が少数派になるという「2045年問題」は対応を間違えれば、「新たな人種戦争」に発展する危険性をはらんでいる。実際、米国は過去に白人と黒人の経済的不平等や人種間の対立などの問題を放置したあげく、悲惨な人種暴動を招いてしまった苦い経験を持つ。1992年4月に死者63人、負傷者2300人以上を出し、全米有数の大都市が無法地帯と化した「ロサンゼルス暴動」は記憶に新しい。

本書では「2045年問題」をめぐって高まる白人と有色人種の緊張や対立の実態を明らかにし、問題の解決策をさぐる。同時にすべての人種、民族が対等に共存し、社会参加できる「多文化主義社会」を実現するためにはどうすればよいのかを考察し、具体策を提案する。加えて、多文化主義は外国人の受け入れや「ヘイトスピーチ」など、深刻な人種差別問題を抱える日本にとっても重要な課題であることを忘れてはならない。

アメリカ白人が少数派になる日
「2045年問題」と新たな人種戦争

目次

第三章　白人至上主義、極右テロの脅威

第四章 世界に広がる反移民主義と過激思想 107

第五章 白人支配の維持か、多文化主義の実現か 123

第六章　多文化主義は日本にとっても重要な課題

第一章

多数派支配の終焉で追いつめられる白人たち

図１：米国人口の人種別プロフィール 2045年

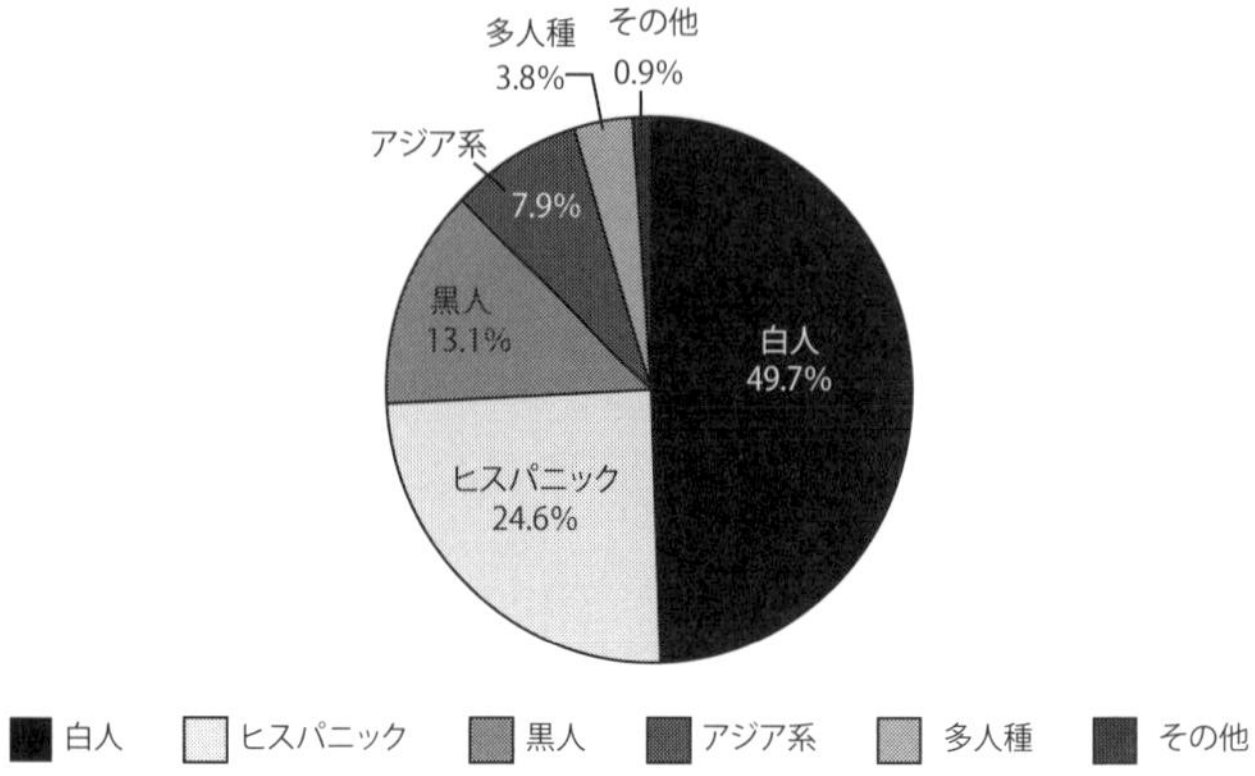

出所：国勢調査局とブルッキングス研究所

「２０４５年に白人は少数派になる」

米国では１９８０年代末から１９９０年代にかけて、サンフランシスコやロサンゼルスなど一部の都市で、黒人、ヒスパニック、アジア系など有色人種の人口が白人を上回り、「白人の多数派支配の終焉」が始まった。それから２０００年代に入ると、カリフォルニア、ニューメキシコ、テキサスなど州レベルでも「人口構成の逆転現象」が起こり、さらにそれが全米レベルでも起こることが最近の調査で明らかになった。

米国勢調査局が２０１８年３月に発表した報告書で、「有色人種の人口増加によって、２０４５年頃に白人は少数派になるだろう」と予測し、その時の人種の割合は、「白人が49・７％、有色人種の合計は50・３％（ヒ

図2：マイノリティと白人の年間人口増加率の推移 2018年～2060年

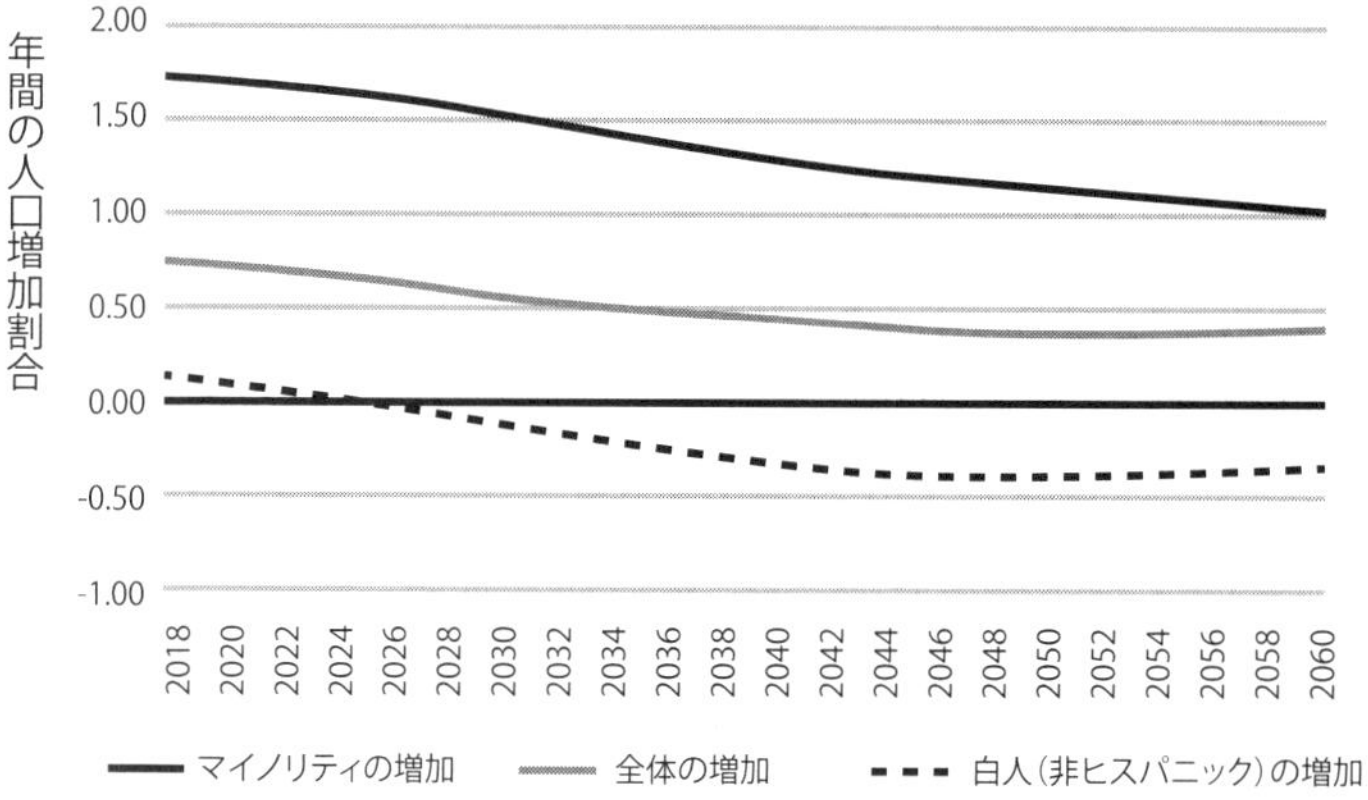

出所：国勢調査局とブルッキングス研究所

スパニック24・６％、黒人13・１％、アジア系７・９％、多人種３・８％、その他０・９％）になる」としたのである（図1を参照）。

国勢調査局はこの予測に至った理由として主に2つあげた。まずは２０１８年から２０６０年の間に有色人種の人口は74％増加すると推定されていること（黒人の増加率は34％だが、ヒスパニックとアジア系、多人種を合わせた増加率は86％となる）。２つ目はその間に白人は高齢化が進み、白人人口は２０２４年まで微増し続けるが、その後は自然減によって減り続けると推定されていることだ（図2を参照）。

「はじめに」でも述べたが、この予測は白人たちの不安を掻き立てることになった。イェール大学心理学部のジェニファー・

リチェソン教授は、白人が多数派を失うことに不安を感じる理由についてこう説明している。

「通常、多数派の人たちは〝人種的に休眠状態にある〟ので、自分の人種についてほとんど意識することも考えることもありません。でも、将来的に少数派になる可能性が出てきたとたん、突然、白人としてのアイデンティティを意識し、多数派のステータスを失うことに不安を感じるようになるのです」（政治ニュースサイト「ヴォックス」、2017年1月28日）

国勢調査局の報告書が出た後、少数派に転落することで不安を募らせる白人の姿がメディアで頻繁に取り上げられるようになった。

2018年9月号の『ナショナル・ジオグラフィック』誌は、かつて炭鉱で栄え、白人の人口が95%を占めていたペンシルベニア州東部の町ヘイズルトンで、2016年にヒスパニックが52%と多数派となり（白人は44%）、毎年恒例の祭りの様子が一変したと報じた。祭りの参加を取りやめた白人女性の一人は、「今の祭りは怖くてとても参加する気になれない。公共のイベントに行くと、数で負けていることを痛感させられるわ。それでも行く気になる？」と話したという。

それから記事は、「米国では長年、人種について考えることは白人以外の人々の地位向上や苦境に着目することを意味していた。米国社会は基本的に白人社会であり、ほかの人種・民族グループは社会の底辺に押しやられた人々で、人種問題は彼らが直面する問題だと考えられていたのだ。ところが、バラク・オバマ前大統領からドナルド・トランプ現大統領の時代まで、ここ10年ほどで状況が変わり、白人の立場の問題が注目されるようになってきた」と指摘した。

また、学術系ニュースサイト「ザ・カンバセーション」は、社会学者のアーティ・ホクスチャイルド博士がルイジアナ州の農村部で白人労働者を対象に行った調査結果についてふれ、「人口構成の変化によって、多くの白人が〝自分たちの国を失いつつある〟と言い始めています。彼らは、まるで自分の土地に見知らぬ人が住んでいるかのような、裏切られた気持ちになっているのです」（2019年4月30日）という博士のコメントを紹介した。

米国の白人が少数派になることの不安や恐怖について日本人が理解するのは難しいかもしれないが、あえて具体例をあげるとすれば、近年の外国人の急増ぶりに不安を感じる人の心理に似ているかもしれない。つまり、日本でも外国人がどんどん増えてくると、「日本が、あるいは自分の住む町が外国人に乗っ取られてしまうのではないか」などと不安を感じる人が増えてくるかもしれないということだ。

実際、日本でも特定の民族や外国人を攻撃し、憎しみを煽る「ヘイトスピーチ」の問題が深刻化しているが、日本政府は効果的な対策を講じることができないでいる。本書で論じる人種的偏見や差別にもとづく憎悪犯罪、すべての人種・民族が平等に社会参加できる多文化主義社会の実現などは、日本人にとっても共通したテーマであり、それについては第六章で詳しく論じることにしよう。

それにしても米国の白人たちはなぜ、これほどまでに少数派になることを恐れるのか。それは欧州からの白人移民を優先的に受け入れ、アジア系など有色人種の移民を制限（差別）してきた米国の歴史とも深く関係している。

欧州からの白人移民を優遇してきた歴史

米国は世界中から移民を受け入れている「移民大国」だが、実は長い間欧州からの白人を優先的に受け入れ、アジアや中南米からの有色人種（非白人）を制限してきた歴史がある。アジアや中南米からの移民制限が完全に取り除かれ、自由に米国へ入国できるようになったのは１９６５年以降のことである。

移民の大きな流れとしては１６００年代から１９００年代にかけてのイギリスやオランダ、ドイツ、アイルランド、イタリアなど欧州からの白人移民と、１８００年代から現在に至るアジア、中南米などからの有色人種の移民に分けることができる。

まずは欧州からの白人移民だが、１６００年代から１７００年代にかけて、イギリスから宗教的迫害を逃れて、米国に渡った清教徒たちが、他のオランダ、ドイツ、スウェーデンなどから新天地を求めてやってきた人たち（入植者）といっしょに米国の東部や南部に植民地をつくった。彼らの多くは民族的にはゲルマン系に属するアングロサクソン人で、宗教はプロテスタントだったことから、後にＷＡＳＰ（White Anglo Saxon Protestant　アングロサクソン系白人キリスト教徒）と呼ばれ、米国の移民の最初の中核となった。

入植者が築いた植民地はマサチューセッツ、コネチカット、ニューハンプシャー、ニューヨーク、ペンシルベニア、バージニア、ジョージアなど合わせて13州にのぼった。これらの州では植民地議会があって一定の自治を認められていたが、その範囲は限られ、最終的な権限は本国のイギリス政府に握られていたため、人々の不満がくすぶっていた。そして砂糖法や印紙法などの課税強化を押しつけられたことで、反発が一気に高まり、１７７５年にイギリスとの独立戦争が勃発。13州は勝利し、１７７６年にアメリカ合衆国として独立を宣言した。

この13州はアメリカ合衆国を構成する「オリジナル・サーティーン・ステーツ」と呼ばれ、星条旗の13本のストライプによって象徴的に明示された。独立を宣言した当時の人口は13州合わせて約２５０万人で、そのうち約80％は白人、残りは米国先住民（ネイティブ・

アメリカン）とアフリカからの黒人奴隷だった。

それから1800年代に入ると、アイルランドからの移民が大量にやってきた。彼らの多くは祖国での貧困を逃れるために移住したこともあり、米国では比較的低賃金の労働も厭わずに従事し、都市部で中流・下層社会を構成した。ただ、アイルランド移民の多くはカトリックだったため、地域社会で主流を形成していたプロテスタントのWASPとは宗教や文化の違いから対立することもあった。

さらに1800年代後半から1900年代にかけては米国内で産業化と都市化が急速に進んだこともあり、ギリシャ、イタリア、スペインなどの南欧に加え、ロシア、ポーランドなどの東欧から移民が大量に押し寄せた。移民の歴史に関する情報サイト「ヒストリー・ドット・エディターズ」によれば、1880年から1920年の間に2000万人以上の移民が欧州から米国にやってきて、そのなかには東欧での宗教迫害を逃れた200万人以上のユダヤ人も含まれていたという。

このように欧州からの白人移民と言っても一様ではなく、米国に渡った時期によって「旧移民」と「新移民」に分かれ、前者は主に1600年代から1700年代にきた西欧系と北欧系、後者は主に1800年代以降にきた南欧系と東欧系である。両者の大きな違いは宗教で、前者はプロテスタント、後者はカトリックが多かったため、教義や文化の違いによる差別や対立なども起きた。

それと、初期に移民してきたWASPは米国社会の支配層を形成していたため、後からきた南欧系や東欧系を低く見る傾向もあった。しかし、彼らがWASPから受けた差別は、その後にやってきたアジア系などの有色人種が受けた差別と比べれば大したことはなかった。彼らは少なくとも、米国で白人が生まれながらに得られる「白人の特権」（後の項で詳述）を持つことができたからである。

一方でアジア系など有色移民を差別

米国は欧州からの白人移民を積極的に受け入れた一方で、アジアなどからの有色人種の移民はずっと制限していた。有色人種の移民を禁止した象徴的なケースとして、1882年に連邦政府によって制定された「中国人排斥法」（CEA=Chinese Exclusion Act）がある。

1800年代半ばにカリフォルニア州で金が発見されたのをきっかけに「ゴールドラッシュ」が起こり、一攫千金を夢見て多くの人がやってきた。国内外から約30万人が集まり（数万人の中国人を含む）、彼らは金の採掘作業、道路・鉄道の建設などに従事した。中国人の移民は最初、「低賃金でも文句を言わず、よく働く」との評判で歓迎されたが、しばらくすると、白人の労働者たちが「中国人が低賃金で働くから、自分たちの賃金が低く抑えられてしまう」と怒り出し、中国人の締め出しにかかった。中国人に対する脅迫や襲撃が行われ、彼らの入国禁止を求める声が高まり、そのあげく中国人排斥法が制定されたのである。

それから1913年にはカリフォルニア州政府によって、市民権取得資格のない外国人の土地購入並びに3年以上の賃貸を禁止する「外国人土地法」(FLA=Foreign Land Act)が制定された。カリフォルニアやハワイで日系移民の数が増え、農業や経済の分野で成功している人が少なくなかったため、白人たちから妬みを受け、標的にされたのだ。当時、日系人を含めたアジア系移民は市民権取得の資格がなかったことを考えれば、この法制定が日系人を締め出す目的だったことは明らかであり、それは「排日土地法」とも呼ばれた。

このようにアジアからの移民は米国側の勝手な都合で歓迎されたり、排斥されたりしてきた。1952年には「移民国籍法」(INA=Immigration and Nationality Act of 1952)が制定され、アジア出身者の移民数割り当てが設定されたが、アジア人全体で年間2000人という極めて限定的なものだった。アジア人に対する移民制限が完全に撤廃されたのは、「改正移民国籍法」が制定された1965年のことである。

改正移民国籍法では、出身国別の国籍に基づく移民制限枠が撤廃された。また、すでに米国市民となった移民に自分の出身国にいる親戚の保証人となって米国に呼び寄せることを認めたことで、結果的にアジアや中南米からの移民が急増。出身国別のパターンが変わり、欧州からの移民が減り、アジアや中南米からの移民が大幅に増えた。

それから不法移民に対する対応も変わった。1980年代になると、米国政府は不法移民を厳しく取り締まるのをやめ、レーガン政権は1986年に約300万人（多くはメキシコ人や中南米系）の不法移民にほぼ無条件で永住権を与える大胆な政策を実施した。彼らを合法移民にして税金を払わせ、安定した労働力として確保した方が政府としてもメリットが大きいと判断したからである。

そして1990年、ブッシュ政権は「移民の受け入れを年間54万人から70万人（難民を含めると65万人から80万人）に拡大する」と打ち出した。その裏には米国経済・技術の発展に必要な専門的技能移民を大幅に増やす狙いがあったようで、当時のブッシュ大統領は、「我々はこれによって迎えられる未来の米国人世代を歓迎し、彼らが米国を強化するであろうことを確信する」と演説した。

1990年代以降の米国は出身国に基づく差別的な移民政策を変更し、国の経済社会の発展のためにできるだけ多くの国から移民を受け入れることを明確にした。その結果、アジアや中南米からの有色人種の移民が爆発的に増え、2040年代半ばに有色人種の人口が白人を上回るとの予測が出て、白人たちがパニックに陥り始めたのである。

「米国は白人がつくった国だ」という本音

前にも述べたが、多数派としてずっと人種的優位性を維持し、社会的にも文化的にも支配的な役割を果たしてきた白人にとって少数派になるということは、自分たちのアイデンティティがひっくり返されるような重大事である。

東西冷戦が終わった1990年代に、共産主義と資本主義というイデオロギーの対立よりもっと深刻な文明の衝突が始まると予言するベストセラー書『文明の衝突』を著した国際政治学者のサミュエル・ハンチントン氏は、米国の人種的な分断と多文化主義の問題についても警鐘を鳴らしている。

ハンチントン氏は2004年に『分断されるアメリカ』（原題："Who are we? The Challenges to America's National Identity"）という本を出し、こう書いている。

「アングロ－プロテスタントの文化は三世紀にわたってアメリカのアイデンティティの中心をなしてきた。それこそアメリカ人に共通するものであり、多くの外国人が述べてきたように、他の国民とアメリカ人を区別してきたものでもあった。ところが、二十世紀になると、この文化の顕著性は、中南米やアジアから新しい移民の波が押し寄せたことによって挑戦を受けた」

つまり、米国で長年支配的だった英国系のWASPの文化が、ヒスパニックやアジア系などの移民の急増によってその地位を脅かされているということだ。

その上で、ハンチントン氏は「このままでは人種的な分断が深刻化し、アメリカ人のナショナル・アイデンティティ（国民としての自己認識）が変わってしまうだろう」と警告し、次のように提案している。

「過去三世紀半にわたってあらゆる人種、民族、宗教のアメリカ人によって受け入れられてきたアングロ－プロテスタントの文化と伝統および価値観に、アメリカ人はもう一度立ち返るべきなのだ。これらのものこそ、自由、統一、力、繁栄の根源だったのであり、そして世界における持続した勢力として道徳的なリーダーシップを発揮してきたものだったのである」と。

ハンチントン氏が「WASPの文化に立ち返り、それを維持すべきだ」と主張するのは理解できる。なぜなら、米国はすべての人種、民族、階層が対等に共存する多文化主義社会を理想と掲げているが、現実はWASPの文化や価値観などをもとにつくられた国と言っても過言ではないからである。

前に述べたように、英国系のWASPが1600年代に米国にやってきて、他の西欧系や北欧系の白人移民と一緒に米国の社会・経済・政治システムの基盤をつくった。とくに重要なのは経済産業面で、株主利益の最大化を優先し、積極的な人員削減や成果主義を重視する「アングロサクソン型資本主義」の基盤をつくったことだ。このシステムはその後ずっと米国経済の根幹をなしてきた。そのため今日も米国主要企業の経営幹部や管理職の多くは白人で占められ、それを反映して白人を優遇する雇用政策が実施されているのである（第五章で詳述）。

１９６４年に人種、国籍、肌の色、宗教などを理由とした差別を禁止する「公民権法」が施行され、人種差別は大きく改善されたが、それでも「目に見えない、巧妙な差別」はずっと続いている。そして白人支配の強さは政治や司法、社会などの分野にも及び、結果的に白人は生まれながらにして家族や社会から様々な恩恵を受け、特権を持つようになったのである。

「白人の特権」を失う不安と恐怖

その「白人の特権」とは具体的に何なのか。

白人女性として長年、女性学を研究してきたペギー・マッキントッシュ博士（ウェルスリー大学女性研究所の元副所長）は、女性の地位向上のための研究や活動をしている白人男性のなかに自身の「白人としての特権」を手放そうとしない人が少なくないことに気づいた。つまり、彼らは男女の不平等についてはよく理解し、それを改善するための活動をしているが、自分が白人として享受している「恩恵・特権」については無頓着で、それについて話をすることもなかったという。

そこで彼女は米国社会の差別的構造を「性別」から「人種」に移して考えてみたところ、女性に対する男性の態度と同じように、他の人種に対して自身の特権を手放そうとしないのが白人ではないかと認識するに至ったという。

それからマッキントッシュ博士は黒人や他の有色人種の同僚、友人、知人などの協力を得て、白人である自分が持つ特権について徹底的に話し合った。そして白人として生まれ育った自分が当然のように考えたり、持っていたりする権利のなかで、有色人種の人たちにとって当然ではないというものを一つずつピックアップしてみた。それが「白人の特権」だが、その一部をここに紹介しよう（カッコ内は著者注）。

①車の運転中に警察官に呼び止められたり、納税申告で税務署に呼び出されたりしても、「それは自分の人種が理由ではない」と確信できる。

（実際、黒人ドライバーの多くは運転中にはっきりした理由もなく、警察官に呼び止められ、免許証や車の登録証の提示を求められている。一方、白人はスピード違反や飲酒運転などの理由がない限り、呼び止められることはあまりない）

②人種を理由に公共の宿泊施設の利用を拒否されるなど、そこでひどい扱いを受けることを心配する必要はない。

（実際、黒人のお客が来たら、空きがあっても「満室だ」と言って断るようにスタッフに指示している所もあるそうだ）

③小切手やクレジットカードを使ったり、あるいは現金払いする時も、自身の肌の色が理由で何か不都合が生じることはない。

（デパートやレストランなどで黒人がクレジットカードを使う時は、お金がありそうに見える人でも念入りにチェックされるという話を聞く）

④一人でショッピングに行っても、店の警備員に、「万引きではないか」と付け回されたり、嫌がらせを受けたりすることはない。

（①〜④に関しては、白人の場合はそのような扱いを受けても人種が理由ではないと確信できるが、有色人種〈特に黒人〉の場合はすぐに人種が原因ではないかと考えてしまう。この違いは非常に大きい）

⑤お金さえあればどこでも好きな場所に家を購入したり、アパートを借りたりして住むことができる。

（一方、黒人やアジア系などは白人密集地域に住もうとすると、「ここはおまえたち〈有色人種〉

の住む所ではない」などと言われたり、冷たい視線を浴びせられたりする）

⑥テレビや新聞などで、自分の人種の人たちがポジティブかつ好意的に報じられることが多い。

（逆に黒人などはメディアでネガティブに報じられることが多く、それが人種差別を助長していることは否定できない）

⑦国の歴史や世界文明の話になると、自分の人種はいつも創始者として見られ、その功績がたくさん紹介される。

（有色人種も多くの功績を残しているにもかかわらず、白人の功績ばかりが強調されている。公立学校の歴史の教科書が主に白人の視点で書かれていることもその要因となっている）

⑧アファーマティブ・アクション（積極的差別是正策）を導入している職場で働いていても、同僚から「個人の能力ではなく、人種のおかげで採用された」と陰口を言われることはない。

（マイノリティや女性の雇用、教育の機会を保障するために導入された積極的差別是正策だが、一部の白人から「特別の優遇措置は逆差別である」との批判が出ているため、このようなことが起こる。アファーマティブ・アクションについては第五章で詳しく述べる）

白人はそれほど努力しなくても成功できる

マッキントッシュ博士はこのリストを作成しながら、自分は「白人の特権」のおかげで、有色人種が受けている差別・偏見を受けずに済んでいるのだと実感したという。

私が同博士に取材したのは２０００年代半ばのことだが、有色人種に対する差別や白人の特権に関する状況は現在もあまり変わっていないように思える。いや、それどころか、有色人種や移民、女性に対する差別的な言動を繰り返すトランプ大統領の登場で、状況はむしろ以前よりも悪化しているのではないか。

マッキントッシュ博士によると、米国では白人に有利な社会システムができているため、白人の特権を持つ人たちは有色人種のように努力しなくても、ある程度の成功をおさめることができるという。

しかもこの特権によって白人たちは、有色人種に対してあからさまな差別をしなくても、白人の人種的優位性を暗に示すことができる。その結果、彼らの多くは、有色人種が白人の文化や価値観を学び、白人のように考え、行動するのが当然であると考えている。

しかし、白人が多数派を失ったら、これまでのように人種的優位性を維持できなくなり、白人の特権も失ってしまうかもしれない。だから白人の多くはパニックに陥り、「白人の米国を再び偉大にする」というスローガンを掲げたトランプ大統領に投票したのであろう。

言い替えれば、多数派を失う白人たちの不安がトランプ大統領の当選を助けたということになるが、次章でその実態を明らかにする。

第二章

移民、有色人種を攻撃する大統領

トランプが「白人の国」を取り戻してくれる！

２０１６年の大統領選でトランプ氏が勝利したのは、「低学歴の白人貧困層が不動産業で成功したトランプ氏に経済を変えてほしい、と期待して投票したからだ」とよく言われる。しかし、実際は他にも大きな要因があったようだ。

ペンシルベニア大学政治学部のダイアナ・ムッツ教授は２０１２年から２０１６年にかけての世論調査やメディア報道などを綿密に分析した結果、「大統領選の勝敗を決定づけた最大の要因は有権者の経済的な問題ではなく、非白人の急激な人口増加に対する白人層の不安であり、トランプ氏がそれをうまく利用したからだ」との結論に達したという。つまり、トランプ氏が当選したのは「白人のアメリカを再び偉大にする（取り戻す）！」というスローガンを掲げて、白人たちの不安につけ込む巧妙な選挙戦略を展開したからだというのである。

また、ムッツ教授は２０１２年から２０１６年の間に失業したり、所得が減ったり、生活費を心配したりした白人有権者についても調査したが、それがトランプ氏への投票に結びついたことを示す十分な根拠は見つけられなかった。一方で、有色人種の人口増加によって白人が少数派になるという現実を認識した白人たちは、トランプ氏を支持する傾向が高まることがわかったという。

その上でムッツ教授は時事ニュース雑誌『アトランティック』に対し、こう語っている。「ヨーロッパからやってきた白人米国人が〝近いうちに少数派になる〟と言われたのは初めてのことです。長い間支配的なグループにいた人たちがその地位を失いかけると、〝心理的なねじれ〟を経験し、不安を抱えるようになる。最初は昔を懐かしみ、それから現在の支配的な地位を維持しようと考え始め、他の人種グループに対して否定的な感情を抱くようになるのです」（2018年4月23日）

だからこそ移民や有色人種を激しく攻撃し、「白人のアメリカを取り戻す」と訴えたトランプ氏の戦略がうまくいったのであろう。トランプ氏は選挙戦の開始直後から、「メキシコ人はレイピスト（強姦魔）で、麻薬密売者で、犯罪者だ」「イスラム教徒はテロリストだ」などと声高に叫び、白人有権者の「移民・外国人嫌い」の感情を掻き立てた。

トランプ氏に投票した有権者にはもともと「移民・外国人嫌い」の人が多かったのではないかと思われる。だから彼らはトランプ氏がいくら人種差別的な発言を繰り返してもあまり抵抗を感じることなく、支持し続けたのであろう。

それは、トランプ大統領の就任後の世論調査の数字にも表れている。トランプ大統領の支持率は歴代大統領のなかで最低レベルだが、注目すべきは就任以来ずっと40％前後（33％～46％、ギャラップ調査）を維持し、どんなに差別的で不適切な言動を繰り返しても支持率は33%より下がっていないことだ。それだけ熱烈な支持者が多いということであろう。

有色人種の移民を攻撃して白人を安心させる

トランプ大統領は就任直後から、「移民・外国人嫌い」の白人有権者の支持を意識してか、厳しい移民政策を次々に実施してきた。とくに特徴的なのが、移民に対する残酷で非人間的な扱いである。

２０１９年夏、移民税関捜査局（ＩＣＥ）の職員によってメキシコ国境沿いで拘束され、施設に収容された移民が非人道的な扱いを受けている実態がメディアで大きく報じられた。ＩＣＥによって拘束された移民の数が急増し（前年比2〜3倍）、定員を大幅に上回る過剰収容状態が続いていることが主な原因だった。

このような状況のなか、２０１９年7月2日のＰＢＳニュースは次のように報じた。

「ＩＣＥを管轄する国土安全保障省（ＤＨＳ）の監察官が〝収容人員が危険なほど増えている〟として、5月に続き2回目の警告を出しました。監察官が6月に撮影した写真には、檻のような施設に大人と子どもが押し込まれている様子が写し出されています。コンクリートの床に重なり合うように横たわる移民の姿もあります。監察官は、大人のなかには1週間以上横になることもできず、また少なくとも1カ月は服を着替えることができなかった人がいたと報告しています。施設の管理者はこの状況を〝時限爆弾〟にたとえています」

また、テキサス州の施設を訪れた医師と弁護士は、「非人道的な場面を目にした。刑務所よりひどい」と報告した。

施設に収容された乳幼児や児童を診察した医師は、「拷問に近い状況で、蛍光灯は四六時中つけっぱなし。哺乳瓶は何日も洗わないまま使われています。こうした状況では感染や疾患、死のリスクが大きくなります」と語り、同行した弁護士も「子ども同士の世話に任されていて、ひどい状況です。部屋のなかにそのままトイレがあり、石鹸はなく、まったく不適切な状態で収容されています」と続けた。

さらにこの施設を訪れた民主党のアヤナ・プレスリー下院議員は、施設の外にいた記者団に「施設のなかで涙を流している15人の女性を見たことを忘れることはできない。子どもたちと引き離されたことや水道が使えないこと、いつになったら外に出られるのかわからないことを嘆いていました」と話した。

すると、トランプ大統領の支持者と思われる人たちが「壁を作れ！」と叫び、プレスリー議員に対し人種差別的なヤジを飛ばした。プレスリー議員は、「叫びたければ叫びなさい。

卑劣な行動につながる卑劣な発言、憎しみにかられた振る舞いにつながる憎しみの言葉、白人ではない子どもたちの健康と安全、人間性と完全な自由が蔑ろにされるのはもううんざりです」と嘆いた。

このようなひどい状況が連日メディアで報じられたにもかかわらず、トランプ大統領は「安全で衛生的な施設だ。メディアが報じているのはフェイクニュースだ」と開き直り、収容施設の状況を改善しようとはしなかった。

その裏には、２０２０年の再選を見据えたトランプ大統領の政治的な思惑が透けて見える。一つはこのような状況を放置することで移民たちに恐怖心を植えつけ、同時にメキシコ国境を越えようとしている人たちに警告を与え、その企てを断念させようとしたのではないかということ。もう一つは白人有権者の反移民感情を掻き立て、自身への支持につなげようとの狙いである。

これらの施設に収容された移民（難民申請者を含む）の多くはエルサルバドル、ホンジュラス、グアテマラなどの出身で、本国での経済不安や犯罪組織による暴力などから逃れるために数千キロを旅してやってきた人たちだ。トランプ政権はそんな彼らに残酷な仕打ちをし、ある種の見せしめにすることで、後から続いて米国にやってこようとする人たちを思い止まらせようとしたのではないかと思われる。

皮肉なことにトランプ政権の狙いは当たり、その後、メキシコとの国境で拘束される移民の数は減少した。しかし、トランプ政権が移民に対して行った人権侵害行為は人々の記憶と歴史の記録にずっと残り、米国の威信を傷つけることになろう。

不法移民の強制送還に執念を燃やす

トランプ大統領は不法移民の強制送還にも凄まじい執念を燃やしている。

2019年6月18日、大統領は自身の支持者が多いフロリダ州オーランドで集会を開き、2020年の再選に向けて正式に立候補を表明した。その会場はさながら野外コンサートのような雰囲気で、ライブ演奏やフードトラックもあり、前日の夜から行列に並んで何時間も待った人もいたそうだ。熱烈な支持者を前に、トランプ大統領は不法移民の強制送還の計画を明らかにした。

その約1カ月後、トランプ政権はニューヨーク、ロサンゼルス、シカゴ、サンフランシスコなど全米10都市で一斉に不法移民の摘発に着手した。国外への退去命令を受けた後も米国内に不法に滞在している家族が対象で、ICEの職員が不法移民がどこに住んでいるかを調べ、彼らの家に踏み込んで連行した。

これに対して人権団体などから、「個々の不法滞在者の事情を考慮せずに一律に摘発し、適正な司法手続きを経ずに送還するのは非人道的だ」と反対の声があがり、各地で抗議集会が行われた。それと同時に移民団体による不法移民の法的権利の教育啓蒙を含めた支援活動もさかんに行われるようになった。

ICEの職員が不法移民の家にきたら、「万事休す」のように思われるかもしれないが、移民問題に詳しい法律専門家によれば、実はそうではないという。職員が裁判所の令状を持っていなければ、ドアを開ける必要はないからである。つまり、不法移民にも合衆国憲法で保障された基本的な権利が適用されるということだ。

ロサンゼルスを拠点に移民の法的権利に関する支援を行っている団体の責任者、シャノン・カマチョさんはPBSニュースの番組で、「強制退去命令の対象となった不法移民に助言を求められたら、まず何と言いますか?」と質問され、こう答えた。

「黙秘するように言います。ICEに質問された場合、玄関の外であっても街中であったとしても必要以上の情報は提供するな、と言います。また、ICEは正確な情報を記載した判事の署名入りの令状が必要ですが、そうした令状を持っているケースはほとんどありません。つまり、ほとんどの場合、個人の住宅に入る許可を持っていないわけです。ですから、私たちは〝ドアを閉めろ〟と言います。そして強調しているのは、家族で計画を立てることです。家族の誰か、もしくは友人のなかから、弁護士を呼んだり、あるいは子どもを保育園に迎えに行く担当を決めておきます。こうしたことは住民の誰もが事前にできますし、逮捕された時の準備となります」（２０１９年7月15日）
また、不法移民に対して国外への強制退去命令が出されても、移民裁判で上訴手続きを行うことができるので、それですべて終わるわけではないという。
カマチョさんの団体はロサンゼルス各地で移民を対象に「自分の権利を知ろう（Know your own right）」というワークショップを行っているが、ＩＣＥによる摘発が始まる前から参加者が急増し始めたそうだ。トランプ政権下でも不法移民の基本的な権利を守るための支援活動がしっかり行われていることを知り、私は少し安心した。

合法移民の「締め出し」も始まった

２０１９年8月12日、トランプ政権は合法移民が永住権や市民権を取得するための条件を厳格化することを発表した。この新規則のもとでは、低所得者向けの公的医療扶助「メディケイド」や食糧援助「フードスタンプ」、住宅補助などの公的扶助を受給している移民は永住権の取得が制限される（但し、難民申請者は例外）。

米国では毎年およそ50万～60万人が永住権を申請するが、新規則によってその半数以上は永住権が認められない可能性があるという。しかも、永住権を申請する人の保証人になろうという米国市民や永住権保持者についても、公的扶助を受けているかどうかの経歴がチェックされることになる。

移民政策の専門家によれば、貧しい人の移民を制限しようという姿勢は建国以来あり、自立できそうもない人物の移民は回避されてきたという。たとえば、ニューヨークのエリス島に入国審査局があった頃（1892年~1924年）は、ちゃんと働ける体かどうか、家族がすでに米国にいるのか、一定の資金を持っているのかなどがチェックされた。しかし、これらは厳格な基準ではなく、職員の主観によって判断されることが多く、適用されないことも少なくなかったという。

ところが、トランプ政権はこれまでと異なり、永住権や市民権の取得を制限する明確な基準をつくったのである。これは合法移民を制限しようという政権の試みの一環とみて間違いないだろう。

このようなトランプ政権の反移民政策を次々に仕掛けているのが、トランプ大統領のお気に入りのスティーブン・ミラー大統領上級顧問だと言われている。ミラー氏とはどんな人物なのかと言えば、トランプ大統領に負けないくらい反移民の考えの持ち主というだけでなく、白人至上主義者とのつながりもあるようだ。

過激思想の監視・調査を行っている人権団体「南部貧困法律センター」（SPLC=Southern Poverty Law Center）の２０１９年報告書によれば、ミラー氏は「米国移民改革連盟」（FAIR=Federation of American Immigration Reform）という極端な反移民政策を提唱している団体や、白人至上主義者のリチャード・スペンサー氏と親しい関係にあると言う。トランプ政権には他にも反移民主義者（団体）と親しい関係にある者が少なくなく、ジェフ・セッションズ前司法長官もＦＡＩＲと親しい関係にあるとされている。セッションズ氏は任期途中でトランプ大統領によって解任されたが、そうなる前にしっかりと反移民政策を実行していた。具体的には米国への入国審査に不服を申し立てた人が裁判に訴えるのを難しくする不服申し立ての厳格化や、ＤＶ（配偶者、恋人間の暴力）やギャング犯罪の被害を受け、本国に住み続けると危険が及ぶ人に亡命の権利を与える制度の廃止などである。

このように移民政策を担当する閣僚や補佐官が反移民団体と親しい関係を持っていることを考えれば、トランプ政権に公正な移民政策を期待するのは非常に難しいということがわかる。

白人至上主義者を擁護する大統領

トランプ政権の反移民政策は、非白人の移民や市民を米国から追い出そうという白人至上主義者の考えとよく似ている。米国の歴代大統領は皆（民主党・共和党を問わず）、白人至上主義者を厳しく批判してきたが、トランプ大統領はそれを拒否しているだけでなく、白人至上主義者を擁護するような言動をとっている。それを示す象徴的な事件がある。

２０１７年8月12日、バージニア州シャーロッツビルで、「ＫＫＫ」（クー・クラックス・クラン）や「ネオナチ」（ナチスの思想を受け継ぐ集団）など白人至上主義団体の集会が開かれた。白人の人種的優位性の維持などを目的に１８６５年に設立されたＫＫＫは、黒人やユダヤ人などに対する放火、リンチ、殺人などを繰り返してきた恐るべき集団である（第三章で詳述）。この日参加した数百人は昔の「黒人リンチ（私刑）」を思い起こさせるように松明を持ちながら、街中を行進した。

これに対し反対派の人たちも地元市民を中心に多く集まり、その結果、両者が激しく衝突した。そしてネオナチの男が車で反対派の群衆めがけて突っ込み、32歳のヘザー・ヘイヤーさんを死亡させ、35人に重軽傷を負わせた。

この男は後に連邦法の「ヘイトクライム」（特定の人種、民族、宗教、性的指向などへの偏見、憎悪が原因で引き起こされる脅迫、嫌がらせ、暴行、殺人などの犯罪）で有罪となり、終身刑を言い渡された。

事件の後、トランプ大統領は白人至上主義団体を直接非難するのを避け、「衝突事件では双方のグループに責任がある」と述べ、集会に参加した白人至上主義者の一部を擁護した。

しかし、白人至上主義者の参加者の多くは武装し、ヘルメットをかぶり、銃やこん棒を持っていた。しかも彼らは、昔の黒人リンチを思い起こさせるような行進をし、「ホワイトパワー（白人の力）」を見せつけていたのだ。一方、これに抗議した人たちはほとんどが地元住民で、武装せずに平和的に行っていた。にもかかわらず、トランプ大統領はこの人たちすべてをひとまとめにして、「双方に責任がある」としたのである。これには身内の共和党議員からも厳しい批判が相次いだ。

ポール・ライアン下院議長（当時）は、「はっきりしなければならない。白人至上主義者は嫌悪すべきであり、この根強い偏見は我々の国が象徴するものと相容れない。道徳的な曖昧さはあり得ない」とツイートした。

また、共和党の有力議員、ボブ・コーカー上院外交委員長（当時）も、「最近の大統領をみると、この国の特質を理解しているとは思えない。トランプ政権のホワイトハウスには根本的な変化が必要だ。そうでないと、大きな危険に直面することになるだろう」と厳しく批判した。

この集会を組織した白人至上主義者の一人はデジタルメディア「ヴァイスニュース」の取材に応じ、死亡したヘザー・ヘイヤーさんについて、「我々が敵対した相手は愚かな動物の一団でした。注意散漫で車を避けられなかったから、ケガをしたのです」と、信じられないような言葉を口にした。

このような残酷な憎悪団体をトランプ大統領は非難できないでいるのだ。トランプ氏を相手取って多くの訴訟を起こしている「米国自由人権協会」（ACLU=American Civil Liberties Union）は、「米国人には人種差別を非難できない大統領より、もっとましな大統領がふさわしい」とツイートした。

一方、ＫＫＫの元代表のデビッド・デューク氏はトランプ大統領の発言を支持する姿勢を示し、ツイッターに「シャーロッツビルについて正直に勇気をもって真実を語り、左翼テロリストを非難してくれたことを大いに感謝する」と投稿した。

米国の大統領が白人至上主義団体の幹部から賞賛され、感謝されるのは前代未聞のことだ。

２０１９年4月25日、次の大統領選に正式に立候補した民主党のジョー・バイデン前副大統領はビデオ声明のなかで、シャーロッツビルの事件の映像を引き合いに出し、こう述べた。

「トランプ大統領は〝双方の側に立派な人たちがいた〟と発言しました。この瞬間、私は自分の人生のなかでまったく感じたことのなかった、この国に対する脅威を感じました。私たちはいま、〝ソウル・オブ・ジス・ネーション（この国の魂）〟をめぐって大きな闘いのなかにいるのです。米国を米国たらしめているものすべてが危険にさらされています。トランプ政権が8年続けば、米国の本質は根底から変わってしまうでしょう」

バイデン氏が感じた脅威とはおそらく、トランプ大統領が白人至上主義者を擁護するような言動を繰り返すことで、彼らが勢いづいて増長し、多民族国家を支える価値観や制度が危機にさらされることではないかと思う。現在、白人至上主義者などによる非白人の移民や市民を標的にしたヘイトクライムが急増しているが、それについては第三章で詳しく述べることにする。

有色人種の連邦議員を人種差別攻撃

トランプ大統領は白人至上主義団体を名指しで非難するのを避ける一方で、有色人種の民主党女性議員に対して人種差別的な攻撃を行っている。

２０１９年7月15日、大統領は４人の民主党の女性下院議員を激しく攻撃するツイートを連発した。

「急進的な民主党の女性議員たちはもともと、政府がまったく機能していない国、世界一腐敗して他のどこよりも無能な政府の国から来たのに、今や大声で（米国政府を）罵倒しているとは、実に興味深い。もといた国へ帰ってボロボロで犯罪まみれの地元を直す手助けをしたらいかがか。それをやってから、ここへ戻ってやり方を教えたらどうか」

その後すぐに、「そういう場所は皆さんの助けがぜひとも必要だ。できるだけ早く行ってもらいたい。ナンシー・ペロシ（下院議長）は喜んで無料渡航の算段をしてくれるはずだ」と続けた。

4人の議員はニューヨーク州選出のオカシオ・コルテス氏（プエルトリコ系）、ミシガン州選出のラシーダ・タリブ氏（パレスチナ系）、マサチューセッツ州選出のアヤナ・プレスリー氏（アフリカ系）、ミネソタ州選出のイルハン・オマール氏（ソマリア系）だが、うち3人は米国で生まれ育った。もう1人のオマール議員はソマリア生まれで、12歳の時に家族とともに難民として米国に亡命した。

「スクワッド（分隊）」と呼ばれる4人は2018年11月の中間選挙で初当選した民主党のリベラル派で、トランプ大統領の移民政策やイスラエル寄りの外交政策などに極めて批判的だ。大統領としてはそれが気に入らなかったらしく、4人への攻撃を始めたと思われる。

トランプ大統領の人種差別攻撃に対し、４議員は結束して反論した。

「悲しいことに胸が悪くなるような偏狭な言葉を大統領から聞くのは、これが初めてでも最後でもないでしょう。愛する者から離れることはありません。私たちはこの国を愛し、問題の解決を提案しているんです」

４人のうち３人と一緒に仕事をした経験を持ち、もう１人のオマール氏ともよく言葉を交わしたという民主党の故イライジャ・カミングス下院監視・政府改革委員長はトランプ大統領のツイートの後、ＡＢＣテレビの政治討論番組「ジス・ウィーク」に出演し、こう話した。

「トランプ大統領が４議員に〝米国を愛する能力がないと思う〟と言ったことには異議ありです。４人とも愛国心にあふれ、米国を建国した人々が思い描いていた理想の国家に一歩でも近づこうとしています。それなのに大統領に異議を唱えただけで、悪者扱いですよ。連邦議員は大統領にではなく、米国の憲法と国民に忠誠を誓っているんです。４人は私が今まで会った人のなかでもトップレベルの優秀な方々ですし、一緒に仕事ができるのを本当に誇りに思っています」（２０１９年7月21日）

大統領の外国人嫌いの不名誉な言葉

また、カミングス議員はこのような言動をするトランプ大統領について、「間違いなくレイシスト（人種差別主義者）だと思います」ときっぱり述べた。

ワシントン・ポスト紙コラムニストのジュジュ・ローギン氏も「これはひどい。人種差別的で悲しい。初めて連邦議員に当選した難民出身のムスリム系米国人が合衆国大統領から人種差別攻撃を受けなくてはならないとは、米国人全員にとって汚点であり、恥辱だ」と厳しく批判した。

さらに民主党の指導者、ペロシ下院議長は「米国の女性下院議員4人に母国へ帰れ、という。トランプ氏の〝アメリカを再び偉大にしよう〟とのスローガンは最初から、〝アメリカを再び白人の国にする〟という意味だった」と批判し、「私たちの多様性こそこの国の強さ、私たちの団結こそこの国の力です」と強調した。

それからペロシ議長は「トランプ大統領の外国人嫌いの不名誉な言葉を非難する」として、非難決議案を下院に提出。決議案は下院で過半数を占める民主党の議員全員と4人の共和党議員の賛成で可決されたが、大統領の身内の共和党から4人が賛成したというのは興味深い。

トランプ大統領は一連の批判に対して、「この国についてひどいことを言う連中、そしてイスラエルを本気で、とことん憎む連中を民主党が擁護するのを見るのは本当に悲しい」とツイートし、「合衆国について連中が口汚く罵るのを放っておくわけにはいかない。このようなみっともない真似を民主党が引き続き容認するつもりなら、ますます２０２０年に投票所で皆さんにお目にかかるのが楽しみだ」と支持者に呼びかけた（ＢＢＣニュース、２０１９年7月15日）。

大統領の人種差別的なツイートの波紋が広がるなか、さらに問題が起きた。トランプ大統領がサウスカロライナ州グリーンビルでの集会で、「ムスリム系のオマール議員がテロ組織を支援している」と虚偽の主張を繰り返し、支持者が「センド・ハー・バック！（彼女を送り返せ）」と大声で連呼したのだ。

大統領のツイートがその発端だと思われたが、トランプ氏は自らの責任を認めようとしなかった。

そこでＡＢＣニュースのジョナサン・カール記者が、「なぜ連呼をやめさせなかったのですか？」と質問すると、大統領は「私はやめさせたと思います。すぐに話を続けましたから。しかし、本当に大音量でした。ちなみに私はその言葉には賛同していません。しかし、かなりの連呼でした。それについては少し残念だと思いました」と、言い訳がましく答えた（２０１８年7月18日）。

しかし、ABCニュースの映像を見ると、大統領がオマール議員を批判した後、連呼が始まり、約13秒続き、その間、大統領はずっと黙っていた。大統領が再び話し始めたのは連呼がおさまってからである。つまり、大統領は「（連呼を）やめさせようとしたと思う」と主張したが、それは真実ではない。

このようにトランプ大統領はほぼ日常的に虚偽の主張と人種差別的な攻撃を繰り返しているが、支持者たちはそんな大統領を熱烈に応援している。なぜなのか。

その背景には白人が近い将来多数派の地位を失うことの不安に加え、アフリカ系米国人で初めて合衆国大統領となったバラク・オバマ氏に対する白人保守派の強い反発があることがわかってきた。

黒人初のオバマ大統領に対する白人の反発

２００９年1月のオバマ大統領の誕生後、多くの専門家は「ポスト・レイシャル（脱人種）」という言葉を使って、「米国は人種差別問題を克服した」かのような印象を与える発言をした。しかし、その後のトランプ政権下で何が起きているかを考えれば、それが大きな間違いだったことがわかる。

オバマ大統領の誕生は黒人社会には一定のポジティブな効果をもたらしたことは確かで

ある。たとえば、オバマ大統領というロールモデル（模範となる人）が出たことで、「黒人にも平等な機会が与えられている」と改めて認識し、未来の自分に自信と希望を持った人は少なくなかったようだ。また、黒人の子どもたちの学校の成績が上がったという話も聞いた。

一方、白人たちの間では、黒人に対する人種的な反発や不満が高まったようだ。オバマ大統領の誕生後、アファーマティブ・アクションを含めた人種差別対策に反対する人が増えたとの調査結果も出た。

そのためオバマ大統領は、人種差別や貧困格差など黒人にとって深刻な問題に取り組むことに非常に慎重（消極的）だったという。それが白人保守派のさらなる反発を招くことになるとわかっていたからであろう。このようなオバマ大統領に対する白人有権者の反発や不満を巧みにくみ取る形で、トランプ大統領が誕生したのである。

「はじめに」でも述べたように、長い間多数派支配を維持してきた白人のなかには、オバマ大統領の誕生を心理的な脅威と受けとめる人が少なくなかった。それが「白人の米国第一主義」を掲げたトランプ大統領の当選を助けたということだ。

興味深いデータがある。政治ニュースサイト「ヴォックス」（2018年10月16日）によれば、2012年にオバマ大統領に投票した有権者のうち少なくとも670万人〜

920万人は2016年に民主党のクリントン候補ではなく、トランプ候補に投票し、彼の勝利を決定づけたという。言い替えれば、もし彼らがトランプ氏に投票していなかったら、トランプ大統領は誕生していなかったことになる。

そして3人の政治学者がオバマ大統領からトランプ大統領に変更した理由について調査したところ、「経済的な問題」よりも「人種的な敵意や外国人嫌い」を理由として回答した人が多かったという。この点は本章の冒頭で述べたダイアナ・ムッツ教授の分析調査とも共通している。有色人種に対して悪感情を持つ彼らがなぜ、2012年にオバマ氏に投票したのかという疑問はあるが、当時はまだ、白人が多数派を失うことに対する不安がそれほど大きくなかったからかもしれない。

「トランプは人種差別的で、ペテン師だ」

トランプ氏は大統領選への立候補を検討していた2011年頃から、オバマ大統領を攻撃していた。「オバマ氏はケニア生まれで、大統領の資格を満たさない疑いがある」などと、ツイッターで繰り返し発言したのだ。これは「バーセリズム」と呼ばれる出世地差別で、当時、黒人大統領に反発を感じていた白人保守派のなかには、「間違った主張だ」とわかっていながら同調する人が少なくなかった。

米国大統領になるための資格は3つある。「米国生まれの米国民」であること、「米国に14年以上居住」していること、「35歳以上」であることだ。だからトランプ氏は、「オバマ大統領は米国生まれではないのではないか」と攻撃したのである。

オバマ氏は2008年の大統領選の期間中にハワイ州が発行した出生証明書の抄本を公表し、2011年には改めてその原本を公表したが、それでもトランプ氏は主張を変えなかった。それからトランプ氏は2016年に共和党の大統領候補に指名された後にようやく、「オバマ大統領は米国で生まれた」と認めたが、オバマ氏への謝罪の言葉はなかった。

トランプ氏が黒人大統領に対してこのようなやり方で攻撃したのは、自身も黒人に対して強い差別意識を持っているからであろう。

かつて10年以上にわたりトランプ氏の個人弁護士を務め、様々な問題を解決してきたことで「フィクサー」と呼ばれたマイケル・コーエン氏は2019年2月27日、下院監視・政府改革委員会の公聴会でトランプ氏について証言した。

「自分自身の良心に耳を貸さず、トランプ氏の不正・隠蔽に関与したことを恥ずかしく思います。トランプ氏がどんな人間かを知っているだけに本当に恥ずかしく思います。人種差別的でペテン師であり、人を欺く人物です。（中略）トランプ氏が白人至上主義者や人種差別主義者の支持を求めたのをアメリカは覚えています。経済的に貧しい国をとんでもない言葉で呼びましたが、もっとひどいことが日常的にありました。私に〝黒人が指導者をしている国で、どうしようもない国でない所はあるか？〟と聞いてきたのです。オバマ氏が合衆国の大統領だった時です」

トランプ大統領の発言は、コーエン氏がシカゴの貧困地域を一緒に車で走っていた時で、トランプ氏は「黒人しかこんな生活はできない」と言い、その後、「黒人は愚かだから、自分には絶対投票しない」とも言ったという。

コーエン氏は２０１８年4月、連邦検察によって事務所と自宅の家宅捜査を受けた。その後、家族を守るためにトランプ氏に「決別宣言」をして、検察側との司法取引に応じた。そして裁判所で、「トランプ氏の指示のもとで犯罪行為を行った」と証言し、選挙資金法違反や詐欺行為などで有罪を認めて3年の懲役刑を受け、２０２０年3月現在も服役中だ。トランプ氏を最もよく知るコーエン氏の言葉だけに説得力があり、トランプ氏が根っからの人種差別主義者だということがよくわかる。

トランプ大統領は就任後、オバマケア（医療保険制度改革）や地球温暖化対策、イラン核合意などを含め、オバマ大統領が任期中に達成した実績を潰そうと躍起になっている。そうすることで、オバマ大統領に反発する白人保守派の支持をつなぎとめようとしているのであろう。

アメリカ合衆国が建国されて約２５０年の歴史のなかで、かつての奴隷の子孫にあたる黒人が最高権力者になったのは初めてのことだが、それに対する白人保守層の反発は予想以上に大きかった。裏を返せば、米国の人種差別問題はそれだけ深刻で根が深いということである。

column1

トランプ親子はそろって人種差別主義者

「この親にしてこの子あり」とよく言われるが、トランプ大統領の人種差別的な言動は「父親譲り」ではないかと思われる。

トランプ氏の父親のフレッド・トランプ氏はドイツ系移民の子で、スコットランド生まれの女性と１９３６年に結婚した。フレッド氏はニューヨークのクイーンズ区で不動産開発会社を経営していたが、黒人に家を貸さないなど人種差別的なビジネスをしていたことで知られる。

1950年代から60年代にかけて活躍した伝説的なフォークシンガー、ウディ・ガスリーは1950年にたまたまフレッド氏が所有する16階建ての集合住宅「ビーチ・ヘヴン」に入居した。そこに2年間住んだ彼はフレッド氏の差別的な賃貸管理方針を批判するため、「Beach Haven Ain't My Home（ビーチ・ヘヴンは俺の家じゃない）」などの歌をつくった。

ガスリーはそのなかで、「トランプの親父はきっと知っている。自分がどれだけ人々の心の奥底に人種的憎悪をかきたてているかを。（中略）ここには黒い奴らは誰もうろつかない」と強烈に批判した。それから、住宅名称の「ビーチ(beach)」を「ビッチ（bitch）に置き換え、「ビッチ・ヘヴン（メス犬の安息所）」と呼んだ。

人種差別や貧困など社会的不正義に苦しめられる人々の心情を歌にして演奏したガスリーは、2016年にノーベル文学賞を受賞したボブ・ディランにも多大な影響を与えたと言われている。

ガスリーが出た後もビーチ・ヘヴンでは人種差別的な賃貸管理がずっと続けられていたようで、1970年代にフレッド氏は司法省の公民権局から、「黒人に家を貸さないのは人々の平等権を侵害する」として告発された。

さらにフレッド氏は白人至上主義の関連でも問題を起こしたことがわかっている。1927年のメモリアルデー（戦没者追悼記念日）にニューヨークで白人至上主義団体による集会デモが行われ、白装束のクランズメン（KKKメンバー）約1000人がクイーンズ区などを行進した。そこで乱闘事件があり、7人が逮捕されたが、その中の1人はフレッド氏だったという（インディペンデント紙、2017年8月14日）。

白人至上主義といえば、息子のドナルド・トランプ氏も白人至上主義者を擁護するような発言をして批判されたが、実は彼はナチスのアドルフ・ヒトラーの演説集を読んでいたとの報道もある。

トランプ大統領の最初の妻イヴァナ氏は、1990年に雑誌『ヴァニティ・フェア』のインタビューで、「元夫はヒトラーの演説集『我が新秩序（My New Order）』を床頭台の引き出しにおいて、時々読んでいた」と語っている（インディペンデント紙、2017年3月20日）。

この演説集はヒトラーが「プロパガンダの達人」として並外れた能力の持ち主であることを示す著作として知られているが、トランプ氏はその手法を不動産ビジネスの取引に役立てようとでも思ったのだろうか。

トランプ大統領は演説集についてメディアに質問されると、「それを持っているとは言ってないが、もし持っていたとしても、そんなものは読まないよ」と否定した。しかし、大統領に就任してから最初の1年間で2140回も嘘か誤解を招く主張をし（ワシントン・ポスト紙、2018年1月20日）、「生まれつきの嘘つき」として知られるトランプ氏の言葉を信じることはできない。

トランプ大統領はまた、父親が逮捕された件についても、「彼は逮捕などされていない。この件とはまったく関係ないし、そんな事は起こっていない。ナンセンスだ。まったく起こらなかったんだ」と、強く否定している。ちなみにこの否定の仕方はいつものパターンであり、トランプ氏が嘘をつく時は同じような言葉を何度も何度も繰り返すのである。

これらの件について真偽のほどは定かではないが、一つはっきりしているのはトランプ大統領が「自分の成功があるのは父親のおかげだ」と言い切るくらい、父親の影響を強く受けているということである。ビジネス面だけでなく、人格形成の面でも影響を受けた可能性は大きい。

第三章

白人至上主義、極右テロの脅威

おぞましい「黒人リンチ（私刑）」の歴史

人種差別は特定の人の人種、肌の色、国籍、宗教、民族などが他の人（グループ）より優れていると信じることから始まるが、米国の歴史はある意味で、白人による有色人種に対する差別の歴史であると言っても過言ではない。そこで本章では、アフリカからの黒人奴隷の輸入や奴隷制廃止後の白人至上主義団体による「黒人リンチ」などおぞましい人種差別の歴史を振り返るとともに、最近急増している移民や有色人種、ユダヤ系などを標的にしたヘイトクライムの実態を明らかにする。

米国では長い間、先住民や黒人、アジア系などの有色人種が人種差別の対象とされてきたが、本項ではそのなかでも特にひどい黒人に対する差別の歴史に焦点をあててみたい。

米国の黒人（アフリカ系米国人）の多くは、1600年代から1800年代にかけてアフリカ各地から奴隷として米国に連れてこられた人たちの子孫である。

奴隷たちはアフリカで誘拐されたり、無理やり奴隷船に乗せられたりして、悲惨な衛生状態の船内でもひどい扱いを受けた。その結果、輸送された全黒人の約20％は航海中に亡くなったと言われている。

米国に着いた奴隷たちは皆、大人も子どもも自分の名前とアイデンティティを奪われ、南部諸州の白人農園主のところへ売られていった。南部では大規模な綿花栽培などのために奴隷労働力が必要だったのである。彼らはひどい扱いを受け、人間としての生存に不可欠な権利さえも認められていなかった。主人の気まぐれで殴られたり、鞭で打たれたり、なかには木に吊るされて絞首刑にされる者もいたが、主人が罪に問われることはなかった。

その後、1800年代半ばに奴隷制度の存続などをめぐって南部と北部が対立し、「南北戦争」（1861年〜1865年）が起こり、北軍が勝利した結果、奴隷制は公式に廃止された。しかし、奴隷制が廃止されても、黒人差別を容認する法律や、黒人を二級市民として扱う社会制度は100年近くにもわたって維持された。特に酷かったのは、白人至上主義団体などによる「黒人リンチ」が公然と行われたことだ。歴史家によれば、リンチは奴隷の身分から解放された黒人たちを脅し、服従させることを目的として、南北戦争後の復興が終わった1870年代に始まり、1950年代まで主に南部諸州で行われたという。

英国の主要紙「ガーディアン」は「米国の白人はいかに黒人を脅し、支配するためにリンチを利用したか」（2018年4月26日）というタイトルで、リンチ被害者の追悼記事を掲載した。

これによれば、リンチは法律に則った逮捕や告発などの司法プロセスを一切無視し、白人至上主義者などの扇動集団（暴徒）による「私刑」という形で行われた。犠牲者の黒人は捕えられ、木に吊るされて焼き殺されたり、様々な苦痛を強いられて殺されていった。

また、多くの場合、地元の警察官などが暴徒の仲間に加わり、留置所に勾留されている黒人の被疑者（被告人）の警備をわざと軽くして襲われやすくしたりしたという。

それでは黒人リンチの引き金となったものは何だったのか。よく言われているのは、黒人男性と白人女性の性的関係をめぐる問題である。実際はでっち上げのケースも少なくなかったようだが、白人至上主義者にとっては「自分たちより劣っている」と考えている黒人男性が白人女性と関係を持つことはおろか、話しかけようとしただけでも許せなかったのであろう（一方で、奴隷制が維持されていた頃、黒人女性の奴隷が白人の主人にレイプされたり、子どもを産まされたりしても、白人たちが裁きを受けることはなかった）。

実際、白人女性に話しかけようとしただけで、白人男性からリンチを受けて殺された黒人少年もいた。ちょうど米国内で人種差別の撤廃を求める公民権運動が盛り上がり始めた1955年8月のことだ。北部のシカゴに住む14歳のエメット・ティル少年は、夏休みを利用してミシシッピー州の親戚の家へ遊びに行き、そこで若い白人女性の関心を引こうとして口笛を吹いた。少年の住む北部では何でもないことだったが、人種差別がひどい南部のミシシッピー州では状況が違った。

数日後、その事に激怒した女性の夫ら白人男性2人が少年を親戚の家から無理やり連れ出し、納屋のような所に連れ込んで、殴る蹴るなどの暴行を加えた。その後で片方の眼球を抉り出し、頭を銃で撃ち抜き、死体に重りをつけて川に捨てたという。

　2人の白人男性は誘拐と殺人の罪で逮捕され、裁判にかけられたが、全員白人の陪審員によってなんと無罪の評決を受けた。

　数カ月後、2人は雑誌のインタビューで少年の殺害を認めた。しかし、同一刑事事件の判決で無罪が確定した場合は再度審理されることはないという「二重処罰禁止の法則」に守られていたので、2人が罪に問われることはなかった。これが当時の南部の司法制度の実態だったのである。だからこそ、奴隷制が廃止された後も長い間、残酷な黒人リンチが法執行機関によって見過ごされてきたのであろう。

木に吊るされて虐殺された黒人たち

　その後、黒人リンチの悲惨な歴史を闇に葬らせないようにするための動きが始まり、1989年にリンチの実態を広く知らせることを目的としたNPO団体「公正な正義推進活動」（EJI=Equal Justice Initiative）が設立された。EJIのウェブサイトには、「奴隷制が公式に廃止されたあと、リンチが人種差別の残忍な道具として登場し、白人至上主義を復興、黒人の人権を抑圧するようになった」と書かれている。

　それでは、一体何人くらいの黒人がリンチの犠牲になったのだろうか。EJIが新聞社など様々な情報源のデータをもとに集計したところ、南北戦争の復興が終わった1877年から1950年代の間に南部12州で計4084人がリンチで殺害されたことがわかった。そのなかでもとくに発生率が高かった州はミシシッピー、アーカンソー、ルイジアナ、ジョージア、フロリダだったという。

さらに恐ろしいことに、リンチ被害者の多くは体をバラバラに切断された。そして暴徒たちはその遺体の破片を「戦利品」（おみやげ）として自慢げに持ち帰ったというから驚きだ。

こうしてリンチは南部の黒人コミュニティ全体に恐怖を浸透させ、その結果、1900年代前半に600万人以上の黒人が南部を去り、北部や西部の都市に移り住んだことがわかっている。リンチは人種差別や人種分離政策の撤廃を求める公民権運動が始まった1950年代まで続いた。

1964年には人種、性別、肌の色、国籍、宗教、年齢などを理由とした教育・雇用・選挙上などの差別を禁止した「公民権法」が制定された。公民権法にはすべての国民の選挙権の保障、公の場における人種差別を禁止するための連邦政府の権限拡大、公共施設や公共教育での差別撤廃のための司法長官の法的措置の承認、職場の雇用差別の苦情の調査や監視のための雇用機会均等委員会（ＥＥＯＣ）の設置などが盛り込まれた。

黒人たちはアフリカから奴隷として米国に連れてこられてから数百年を経てようやく選挙権が認められ、雇用や教育面でも平等の機会が与えられた。しかし、公民権法によって人種差別が禁止されると、今度は目に見えない差別に苦しめられるようになった。それについては第五章で改めて論じるとして、次項では黒人リンチの「主犯格」だったＫＫＫなどの白人至上主義団体の実体を明らかにする。

column2

「奇妙な果実」とは、木に吊るされた「黒人の死体」のこと

エラ・フィッツジェラルドやサラ・ヴォーンと並び「ジャズボーカルの御三家」と呼ばれるビリー・ホリデイ（１９１５〜１９５９年）が、深みのある独特の歌い方で「奇妙な果実」（原題：Strange Fruit）を歌っている。「奇妙な果実」とは、

南部でリンチにあって虐殺され、見せしめのために木に吊るされた黒人の死体のことである。つまり、当時の米国では黒人は人間として扱われず、家畜同然の存在だったということだ。

ビリーは「サザン・トリーズ……（南部の木々には奇妙な果実がなる）」と歌い出し、木に吊るされた黒人の死体から赤い血がしたたり落ち、木の葉とともに風に揺られ、やがて腐っていくという、信じられない地獄のような光景をしゃがれ声を振り絞るようにして再現している。

感情を抑え気味に淡々と歌っているが、それがかえって説得力を生み、聴く人の心に突き刺さる。同じ人間なのに黒人に対してどうしてこれほど残酷なことができるのか、と問いかけているようだ。まさに不世出の黒人女性ジャズ歌手、ビリー・ホリデイの悲痛な魂の叫びである。

この歌の作詞者はルイス・アランとなっているが、実はこれはペンネームで、本名はエイベル・ミーアポルという白人男性である。彼はニューヨークの高校で教師をするかたわら、作詞活動をしていたが、ある日、雑誌で黒人を木に吊るして虐殺し、それを「ショー」のように楽しむ白人たちを撮った写真を見て衝撃を受け、この歌を書いたという。英文の歌詞を紹介しよう。

Strange Fruit　(from album: At Jazz At The Philharmonic 1954)

Southern trees bear a strange fruit,
Blood on the leaves and blood at the root,
Black bodies swinging in the southern breeze,
Strange fruit hanging from the poplar trees.

Pastoral scene of the gallant south,
The bulging eyes and the twisted mouth,
Scent of magnolias, sweet and fresh,
Then the sudden smell of burning flesh.

Here is fruit for the crows to pluck,
For the rain to gather, for the wind to suck,

For the sun to rot, for the trees to drop,
Here is a strange and bitter crop.

黒人に対する差別や暴力犯罪が日常的に行われていた当時、白人男性が南部のリンチ殺人を告発する歌詞を書き、黒人女性がそれを歌うことはかなり危険を伴う行為だったと思われるが、２人は強い信念と覚悟をもっていたようだ。

エイベルは白人といってもユダヤ系なので、個人的にも白人至上主義者などによる差別の標的にされた可能性はあり、彼自身は公民権運動にかかわっていたという。従って、彼は信念を持って「奇妙な果実」の詩を書いたと思われる。

ビリーは初めてこの歌詞に出会った時、重病の肺疾患にかかっていた父親が黒人であることを理由に病院から診療を拒否され、39歳で亡くなったことを思い出したという。父親の死から20年以上経っても南部の黒人差別の酷い状況は変わっていないことを改めて認識し、この曲を歌うことを決めた。

ビリーがニューヨークのナイトクラブで初めてこの曲を歌った時、お客はあまりにもリアルで残酷な歌詞の内容に衝撃を受けたのか、しんと静まり返り、拍手はなかった。ところが少しすると拍手が起こり、その後拍手の嵐となってしばら

⇨エイベル・ミーアポルはこの写真を見て詩をつくった。インディアナ州マリオンの街で、白人女性をレイプし、その恋人を殺した疑いで拘留されていた黒人3人を、白人たちが留置場を襲撃して引きずり出し暴行を加え、うち2人を私刑にした。その光景を何千人もの群衆が見物している。1930年8月、Lawrence Beitler 撮影。（写真：TopFoto／アフロ）

く鳴りやまなかったそうだ。彼女はそれからこの曲をレパートリーにして、ステージの最後には必ず歌うようになった。

しかし、そのときの客の反応はまっぷたつに分かれた。曲の演奏が終わると、手が痛くなるまで拍手をし続ける客がいた一方で、演奏が始まると席を立ち、店を出ていく客（主に白人）もいたという。こうした白人たちのなかには、ビリーにこの曲の演奏を止めるように迫ったり、脅したりする者もいたが、彼女は止めなかった。なぜなら、人種差別の犠牲となって亡くなった父親のためにも、人種差別撤廃のために闘っていた多くの黒人や公民権運動家のためにも、この曲を歌い続けなければならないと心に誓っていたからである。

ビリーは公民権法が制定される5年前の1959年に44歳で亡くなったが、彼女が魂を込めて歌い続けた「奇妙な果実」はその後、社会的に高い評価を受けることになった。この曲が人種差別の改善などに果たした役割が評価され、1999年に『タイム』誌の「20世紀最高の歌」に選ばれたのである。

奴隷解放後に「KKK」が設立された理由

白人の人種的優位性の維持などを目標に掲げる白人至上主義団体の中で最も古い歴史を持つのは、「KKK＝クー・クラックス・クラン」である。

南北戦争が終結した1865年に設立されたKKKの名称は、ギリシャ語で「サークル」を意味する「ククロス」とスコットランドの党を意味する「クラン」を組み合わせてつくった。また、白装束に身を包んで白頭巾をかぶり、松明を持って行進するスタイルは幽霊を怖がる黒人をイメージして考え出されたと言われている。

ＫＫＫが南北戦争の終結と同時に設立されたのは偶然ではない。「奴隷解放によって黒人が急激に力をつけるのではないか」と恐れた白人たち（奴隷商人や奴隷所有者を含め）が、自らの人種的優位性を守るためにつくった組織だからである。ＫＫＫは黒人を脅し、抑圧するための手段としてリンチを考え出した。被害者の黒人たちは木に吊るされて焼き殺されたり、性器を切り裂かれたり、棍棒で殴り殺されたり、銃で頭を撃ち抜かれたり人間業とは思えない残忍な方法で殺された。

ＫＫＫはその残虐さゆえに社会的に厳しい批判を受け、メンバー数が減少して勢力が衰えたこともあった。しか

⇧ジョージア州の山で集会を行うＫＫＫ。１９２０年、絵画（Bridgeman Images／時事通信フォト）

し、白人の優位性を信じる米国白人はつねに一定の割合で存在するため、支持を完全に失うことはなく、どんなに凶悪な人種差別犯罪を繰り返しても解散に追い込まれることはなかった。

1900年代に入ると、KKKは南部の黒人だけでなく、全米のアジア系やヒスパニックなどすべての有色人種を標的とするようになり、支持者を増やした。それから1920年代に始まった世界恐慌や第二次世界大戦（1939年～1945年）などで、KKKの勢力は一時衰えたが、1950年代に人種差別の撤廃を求める公民権運動が始まると、それに反対する白人保守派の不満を取り込む形で再び勢力を盛り返した。

この点では、急激な有色人種の人口増加によって多数派支配を失う白人の不安をうまく取り込んで大統領に当選したトランプ氏と共通する部分がある。トランプ大統領が白人至上主義者を擁護するのはこの辺にも理由があるのかもしれない。

1954年に連邦最高裁が学校、レストラン、ホテル、劇場、バスなど公共施設利用を白人用と黒人用に分離した「人種分離政策」を不当とする判決を下し、また1960年代初めに人種、肌の色、性別、宗教、国籍などあらゆる差別を禁止する公民権法が議会に提案されると、白人保守派の不安や反発は最高潮に達した。

これを受けて、KKKは全米で大規模な「公民権法反対キャンペーン」を展開した。キャ

⇧ジョージア州テンプルで松明を掲げて集会を行うネオナチグループとKKK。2016年4月23日（EPA＝時事）

ンペーンと言っても白人至上主義者の場合は暴力テロを意味するが、とくに南部のミシシッピー州、ジョージア州、アラバマ州などでは公共施設や黒人教会などを狙った爆弾襲撃や放火などが多く発生した。ＫＫＫのメンバーたちは連邦政府が進めようとした人種差別撤廃政策に対し、暴力テロという手段で反対の意思を示したのである。理由は「人種差別が撤廃されたら、白人の優位性を失ってしまう」と恐れたからであろう。

悪名高い「スキンヘッド」の暴力犯罪

その後、１９６０年代から１９８０年代にかけて、「スキンヘッド」「オーダー」「ネオナチ」「アーリアン・ネーションズ」

など、他の白人至上主義団体が次々と誕生した。これらの団体の多くは白人の人種的優位性の維持を掲げながら、同時に「米国経済の落ち込みや失業者増大の原因は、マイノリティ（有色人種）とユダヤ系にある」などと訴えた。「有色人種が白人の仕事を奪っている」と非難し、「ユダヤ系は悪魔の使者（詐欺師）であり、我々（WASP）こそがこの世を支配するために選ばれた民である」と主張したのだ。

当時、とくに暴力性、残虐性が目立った団体は「スキンヘッド」と「オーダー」だ。反有色人種、反ユダヤ、反移民、反同性愛者（LGBT）を掲げる「スキンヘッド」は1967年に、WASPの若者によって結成された。メンバーたちは頭を剃り、ナチスのシンボルマークの入れ墨をして、黒の金属製ブーツを履き、ナチスドイツのヒトラーを崇拝。学歴や特殊技能もなく、ファストフード店や建設現場、ガソリンスタンドなどで働きながら、その日暮らしの生活をしている若者が多かったようだが、そんな彼らが有色人種や同性愛者などを次々に襲撃し、新聞の見出しを飾ったのである。

スキンヘッドの最も悪名高い暴力犯罪としては、1988年11月のオレゴン州ポートランドでのエチオピア系移民ムルゲタ・セロー氏の殺害だ。3人のメンバーがセロー氏を襲い、人種差別的罵声を浴びせた末、野球用バットでめった打ちにした。3人のうち主犯格の1人は殺人で有罪となり、終身刑を言い渡された。しかし、最近は組織が細分化され、当時のような勢力はなくなったようだ。

また、１９８０年代半ばに超過激な白人至上主義団体として結成された「オーダー」もメンバーの残酷さ、凶暴さではスキンヘッドに負けていなかった。

オーダーのメンバーは「将来の〝白人革命〟を実現するために暴力は不可欠だ」と堂々と主張し、白人至上主義に批判的だったユダヤ系のラジオ司会者、アラン・バーグ氏を自宅の前で殺害したりした。警官との銃撃戦で射殺されたメンバーも何人かいたが、結果的に彼らは白人至上主義者の殉教者的な存在となり、ほかの白人至上主義団からも賞賛されたという。その後、オーダーのメンバーは全員逮捕され、収監されたことで、80年代末に解散に至った。

白人至上主義者と命がけで闘う人権団体

このような暴力的で残虐な白人至上主義者たちと命がけで闘っている人権団体がある。代表的なのは、人種差別の激しい南部アラバマ州のモントゴメリーに１９７１年に設立された「南部貧困法律センター」（ＳＰＬＣ＝Southern Poverty Law Center）である。

白人至上主義など過激思想の監視や調査、人種差別犯罪対策などを主な活動としているＳＰＬＣを私が初めて取材したのは、ヘイトクライムが増えた１９９０年代初めのことだ。

当時、ＳＰＬＣは白人至上主義団体の監視や人種差別犯罪に対応するための専門チーム「クランウォッチ・プロジェクト（ＫＷＰ）」（後に「インテリジェンス・プロジェクト」に変更）を組織していた。弁護士や調査員などで構成されたＫＷＰは白人至上主義者による人種差別犯罪に対し、被害者側の代理となって多くの損害賠償訴訟を起こしていた。そのなかでも、１９８７年2月にアラバマ州モービルの殺人事件訴訟で、被告のＫＫＫに対し、７００万ドル（当時のレートで約10億円）の賠償金支払いを命じる判決を勝ち取ったケースは有名だ。

ＫＷＰを率いたモリス・ディーズ弁護士は当時、私の取材で白人至上主義団体の人種差別犯罪と闘う決意についてこう語った。

「人が肌の色や宗教、人種的背景などの違いという理由だけで攻撃を受けた場合、これはテロとまったく同じだ。このようなテロ行為を見逃しておくわけにはいかないのです」と。

ＫＷＰとしては白人至上主義団体に対して訴訟を起こし、莫大な賠償金を勝ち取ることで、彼らを破産に追い込むことも狙っていたようだが、ＫＫＫは破産することはなかった。

一方で、白人至上主義団体との闘いは命がけだ。ディーズ弁護士らは訴訟を起こしたことで、ＫＫＫやオーダーなどの「暗殺リスト」に入れられ、命を狙われることになった。

そのため、ディーズ弁護士らはオフィスや自宅だけでなく、裁判所に行く時も24時間態勢で武装した警官に守られていた。

ディーズ氏は当時、「法律家として、また一市民としての決意と覚悟がなければ人種差別犯罪に立ち向かうことはできない」と語っていたが、まさに命がけだったのである。

今回、私は本書の執筆のために数十年ぶりにＳＰＬＣに取材を申し込んだ。ディーズ弁護士はすでにリタイアしていなかったが、代わりに白人至上主義団体の調査などを行っている上級アナリストのキャシー・ミラー氏が対応してくれた。

トランプ政権下で「ヘイト集団」が急増

今回の取材で特に聞きたかったのは、２０１７年1月のトランプ大統領の就任以降、白人至上主義団体の活動がどう変化したかということだ。ＳＰＬＣが２０１９年2月に発表した報告書「ヘイト年鑑２０１９」によれば、白人至上主義や白人国家主義を標榜する「ヘイト集団」の数は２０１８年に１０２０を超え、調査開始から20年間で最多となった。特にトランプ大統領の就任後の2年余りを含む過去4年間で、30％も増加したという。

報告書はヘイト集団が増えている背景として主に3つの要因をあげた。１つは２０４０年代半ばに白人が多数派を失うという国勢調査局の予測に対する白人層の不安、２つ目はトランプ大統領の移民や有色人種に対する人種差別的なレトリックの影響、3つ目はインターネットが過激化を促進する主要な手段として使われるようになり、多くの人が過激思想の影響を容易に受けやすくなったことである。

1つ目の白人が少数派になることの不安については、第一章の説明と重なる部分が多いので、ここでは省くことにする。

そして2つ目のトランプ大統領のレトリックの影響についてだが、アナリストのミラー氏は私の取材でこう説明した。

「トランプ大統領はメキシコ人やイスラム教徒など特定の人たちを〝犯罪者〟〝侵略者〟などと攻撃しているが、それが人々の偏見、人種差別を助長していると思われます。つまり、国の指導者である大統領が特定のグループを攻撃することで、国民の側も〝同じことをしてもよい〟という許可を得たような気持ちになるのです」

その上でミラー氏は自らの主張を裏づけるデータがあるとして、ノーステキサス大学政治学科のレジーナ・ブラントン教授らが行った調査について述べた。

それによると、2016年大統領選中にトランプ氏が選挙集会を開いた250カ所の郡では、開かなかった郡よりもヘイトクライムがなんと226%も増加したことがわかったという。つまり、この数字はトランプ氏が集会で使った人種差別的なレトリックは人々の意識だけでなく行動も変え、憎悪犯罪を助長したのではないかということを示している。

ヘイトクライムとは前にも述べたが、特定の人種、民族、宗教、性的指向などへの偏見、憎悪が原因で引き起こされる脅迫、嫌がらせ、暴行、殺人などの犯罪である。

私が「トランプ大統領に何を望みますか？」と尋ねると、ミラー氏は、「国民のリーダーとして、白人至上主義者をはっきり非難してほしい」と答えた。

3つ目のインターネットの影響については後の項で詳しく述べるが、ミラー氏はヘイト集団に関する調査や報告書の作成だけでなく、インターネットを使った過激思想の拡散にいかに対応すべきかについても取り組み、連邦議会で議員報告会を行っている。

米国ではSPLCの他にも白人至上主義団体と闘っているNPO団体は少なくない。たとえば、ユダヤ系の人権団体「名誉毀損防止同盟」（ADL ＝ Anti-Defamation League 本部：ニューヨーク州ニューヨーク）は全米にあるヘイト集団の場所を示した「ヘイトマップ」を作成し、監視を行い、危険だと判断すれば法執行機関に通報するなどの活動を行っている。にもかかわらず、米国内の人種差別犯罪は減るどころか、増える一方である。

有色人種やユダヤ系を狙った「憎悪犯罪」

ヘイト集団の増加に伴い、移民や有色人種、ユダヤ系などを対象にしたヘイトクライムが増えている。

連邦捜査局（FBI）が2018年11月に発表した犯罪統計では、2017年に全米で発生したヘイトクライムは計7175件となり、前年比で17％増加。このうち黒人やアジア系などの人種差別絡みの犯罪が58％、反ユダヤ主義や反イスラム主義など宗教差別絡みのものが23％だった。

また、2001年の「9・11同時多発テロ」以降、米国内で起きた死者を伴うヘイトクライムやテロ事件のうち、約4分の3は極右の過激主義者によるものだということもわかった。このなかには2015年6月にサウスカロライナ州チャールストンの黒人教会で9人を殺害した事件や、2018年10月にペンシルベニア州ピッツバーグのユダヤ教礼拝所で半自動小銃を乱射して信者11人を殺害した事件、さらに2019年4月、カリフォルニア州ポウェイのユダヤ教礼拝所で1人を殺害した事件なども含まれる。

白人至上主義者は有色人種だけでなく、ユダヤ系も標的にしているが、その理由は主に3つ考えられる。

1つは宗教的な理由だ。キリスト教の母体はユダヤ教であり、本来親戚のような関係だが、キリスト教はユダヤ教と違う「新しさ」を追求するあまり、しだいにユダヤ教を迫害するようになった。少数派でありながら、独自のアイデンティティを頑なに守ろうとするユダヤ人の性向も多数派のキリスト教徒にとってはおもしろくなかったようで、キリスト教に同化しないユダヤ人に対する弾圧が始まり、反ユダヤ主義が広まった。

欧州のほとんどの国はユダヤ人を差別、迫害、追放した歴史を持っているが、ユダヤ人が欧州で初めて市民権を与えられたのは１７００年代後半になってからである。差別・迫害の歴史を負ったのはユダヤ系米国人も同様で、米国でユダヤ人に対する差別が禁止されたのは黒人差別の禁止と同様に、公民権法が制定された１９６４年のことである。このように欧州や米国で長い間浸透していた反ユダヤ主義を引き継ぐ形で、白人至上主義者がユダヤ系をヘイトクライムの標的にし始めたのである。

２つ目はグローバル化に対する反発・批判である。白人至上主義者の多くはグローバル化に批判的だが、「ユダヤ人（系）はグローバル化で大きな利益を得ている。自分たちの暮らしが悪くなったのはユダヤ人に搾取されたからだ」という思い込みがあり、それがユダヤ系に対する怒り、憎悪につながっているようだ。

３つ目はほとんど言いがかりに近い非難である。白人至上主義者たちは、ユダヤ系の関連団体が移民・難民の受け入れを支援していることを例にあげ、「ユダヤ人は我々の仲間（白人）を殺す手助けをしている。侵略者（移民）の手先になっている」と非難しているが、そのような証拠はまったくない。

ちなみに「我々の仲間を殺す手助け」という表現は、「大量の移民受け入れや白人の低出生率、妊娠中絶などによって、白人を組織的に絶滅させようとの陰謀をユダヤ人が企てている」という、一部の白人至上主義者が言い出した陰謀論「ホワイト・ジェノサイド（白人の虐殺）」から引用したものだ。彼らがその陰謀論を言い出した目的は、他の白人たちに恐怖を与えることで、自らの主張や人種差別犯罪を正当化することにあると言われている。証拠も信憑性もまったくない空論だがインターネット上で拡散され、それに触発されて人種差別テロに走る者も少なくない。

２０１８年10月に、ピッツバーグのユダヤ教礼拝所で半自動小銃を乱射して11人を殺害したロバート・バウアーズ（46歳）も犯行前、ＳＮＳに「マイピープル（私の仲間の白人）が殺されるのを黙って傍観できない。これから攻撃する」と投稿していた。それから彼は、「すべてのユダヤ人は死ななければならない」と叫びながら、銃を撃ち続けたのである。

column3

「ユダヤ陰謀説」にはたして根拠はあるのか

「白人の虐殺」の他にも、「ユダヤ人は米国を中心とした世界の金融、エネルギー、食糧、通信事業などを独占し、世界支配を企んでいる」というようなユダヤ陰謀説をよく耳にするが、はたして本当なのか。

日本でも数十年前、「ユダヤ民族のうちの最高最強のエリート集団である国際ユダヤ資本が『裏国家』として全世界を支配している。円高・ドル安は〝儲けすぎる日本〟を標的にした国際ユダヤ資本の世界戦略の一環として発動されたものだ……」という内容の本がベストセラーとなった。

これらの本の多くは、19世紀末にロシア秘密警察のメンバーだったある無名作家が作り上げた『シオン長老の議定書』と呼ばれる秘密の世界征服計画などをもとにして書かれているが、これは欧米ではほとんどまともに扱われていない文献である。しかもこの議定書はナチスのヒトラーがユダヤ人を大量虐殺するためのプロパガンダとして利用したことでも知られている。

ユダヤ陰謀説の書き手たちは、「すべてのユダヤ人はロスチャイルドのような大富豪だ」という既成概念にとらわれているようだが、現実には日雇い労働者のような不安定な生活をしているユダヤ人はたくさんいる。

米国ではたしかにビジネス、科学、映画、文学などの分野で成功しているユダヤ系は多いが、一方で成功していない人もたくさんいる。4年毎に行われる大統領選ではユダヤ系の70%~80%は富裕層の支持者の多い共和党ではなく、マイノリティや低所得者の支持者の多い民主党に投票している。

また、経済的に成功したユダヤ系の多くは公民権など社会問題に高い関心を持っているが、それは過去に受けた悲惨な体験から、いつまた差別・迫害の標的にされるかわからないという危機感があるからであろう。ユダヤ系は人種・宗教差別などと闘うための組織として、1906年に「米国ユダヤ人委員会」(AJC=American Jewish Committee)を、1913年に「名誉毀損防止同盟」(ADL)を設立した。

ユダヤ陰謀論の信者たちは、「ユダヤ系が米国の社会、経済を支配している。映画産業やメディア、ビジネス界をほぼ牛耳っている」などと言うが、とんでもない。たしかにユダヤ系は1990年代初め、ハリウッドに進出して映画会社を次々に設立したが、それは当時、他の自動車、科学、鉄鋼、金融などの主要産業はほぼ白人キリスト教徒（プロテスタントとカトリックを含む）によって支配され、新たに入り込む余地がなかったからだと言われている。ユダヤ系は大きなリスクを冒して映画産業を開拓したが、現在は所有権の多くは白人キリスト教徒に移っているようだ。ＡＪＣによれば、主要映画会社の「パラマウント」「20世紀フォックス」「ワーナーブラザーズ」は白人キリスト教徒によって所有されているという。

新聞業界においても、ユダヤ系が所有している日刊紙の割合は全体の２％程度にすぎない。たとえば、「ニューヨーク・タイムズ」はユダヤ系だが、「ウォール・ストリート・ジャーナル」「シカゴ・トリビューン」「ロサンゼルス・タイムズ」など、他の主要紙の多くは白人キリスト教徒によって所有されているのである。

企業も「フォーチュン上位５００社」の約95％は白人キリスト教徒によって所有されているという。また、ＡＪＣが数十年前にこの５００社で働くユダヤ系幹部（シニア・マネジメント・エグゼクティブ）の割合を調査したところ、全体の０・５％以下にすぎないことがわかったという。ユダヤ系米国人の人口は約５４０万人で、全体の約１・７％を占めるが、その割合よりはるかに低かった。

イスラエルを支援するユダヤ系ロビーの影響力もかなり誇張されているようだ。ユダヤ系ロビーは長く米国の政治・政権を支えてきたと言われるが、ユダヤ系は1940年代くらいまでは政治的にほとんど無力だったのである。

イスラエルへの支持に関してはユダヤ系の中で意見が分かれており、右派で強硬派のネタニヤフ政権を支持する人は多数派ではない。ユダヤ系は共和党寄りでネタニヤフ政権を支持している右派と、民主党寄りで同政権を批判している左派、どちらにも属さない中立に分かれているが、最近は若年層を中心にイスラエル離れが加速しているという。

トランプ大統領はネタニヤフ政権を強く支持しているが、それはユダヤ系の支持を増やすと同時に、コアな支持層のキリスト教福音派にアピールして再選キャンペーンを有利に進めようとの狙いからであろう。しかし、その思惑とは裏腹に、2014年に33％だったユダヤ系の共和党への支持率は2018年に17％に低下し、ほぼ半減している。

人種差別的で白人至上主義者を擁護するような発言を繰り返すトランプ大統領に対して大多数のユダヤ系は好意的に思っていないだろうし、2020年にはおそらくトランプ氏に投票しないだろう。

「できるだけ多くのメキシコ人を殺す！」

最近起きた移民や有色人種を標的にしたヘイトクライムのなかで特に衝撃的だったのは、2019年8月3日、テキサス州エルパソのショッピングセンターで起きた事件である。土曜日の午前中、買い物客で混雑していた「ウォルマート」を半自動小銃で武装した男が襲い、20人を殺害し、26人を負傷させたのだ。その時、店内には数千人の客と約100人の従業員がいたが、男が銃を撃ち始めると、子どもを含む大勢の客が逃げ回り、腹這いになってテーブルの下に身を隠す人もいたそうだ。

事件当日のABCニュースによると、犯人の白人男性、パトリック・クルシウス（21歳）はエルパソから車でおよそ10時間かかる場所からやってきて、何か使命を果たそうとするかのような自信満々の様子で銃を構え、店の正面から入ったという。

彼は事件前に犯行声明をSNSに投稿していたが、そこには「これはテキサス州のヒスパニックの侵略に対する行動だ。できるだけ多くのメキシコ人を殺し、報復するのが目的だ」と書かれていた。

人口約70万人のエルパソはメキシコ系移民の割合が非常に高い都市で、このウォルマート店はメキシコとの国境から8キロしか離れていない所にあり、地元の住民だけでなく、メキシコ側からも国境を越えて多くの買い物客がやってくるという。犯人が多くのメキシコ人を殺す目的を果たすために意図的にこの店を選んだことは間違いないだろう。

SNSへの投稿内容から、この犯人も前述の陰謀論を信じていたと思われるが、それに加え、トランプ大統領のレトリックの影響も強く受けていたのではないかとの指摘も出ている。

テキサス州エルパソ出身で2020年大統領選に立候補したベト・オルーク元下院議員（民主党）は事件の直後、ABCテレビの政治討論番組「ジス・ウィーク」に出演し、「エルパソで起きた事件の責任はトランプ大統領にあると思います」と述べた。

「大統領は〝メキシコからの移民はレイプ犯だ、犯罪者だ〟と叫び、イスラム教徒の入国を禁止すると、1つの宗教だけを標的にし、自らナチス（アドルフ・ヒトラーの信奉者）、白人至上主義者という人たちを煽り立てて、〝立派な人々〟と称えてきました。大統領が人種差別を容認し、促してきた延長線上にこのエルパソの事件があるのです。この3年間、毎日この国で憎悪が高まっています」

トランプ大統領の責任を指摘したのはオルーク氏だけではない。

銃乱射事件の数日後、トランプ大統領は犠牲者を見舞うためにエルパソを訪れた。しかし、現地の住民たちは街頭で「大統領は帰れ！」と抗議運動を展開し、「事件の原因をつくったのは大統領だ」と批判した。

エルパソ郡の民主党委員長で、移民専門弁護士のアリアナ・ホルキン氏はこう話した。
「大統領は自分の発言が今回の事件で何らかの役割を担ったことを認めるべきです。大統領の発言には影響力があるのです。エルパソでは先週土曜日、大統領の言葉はコミュニティを変えるような深刻な影響を持つということを学びました。（中略）大統領は白人至上主義者がすでに抱いている憎悪や怒りをさらに掻き立てるような話し方をします。大統領は容疑者の手に銃を持たせるような直接的な役割を担っていなかったかもしれませんが、白人至上主義的な思想を持った人たちを間違いなく煽っていますし、それを許しているのです」（ＰＢＳニュース、２０１９年8月7日）
トランプ大統領はエルパソの病院で犠牲者を見舞ったが、８人が入院していた病院では大統領との面会を望む人は1人もいなかった。病院側は「大統領だから嫌だという人と、誰とも会いたくないという人がいた」と発表した。事件の犠牲者の多くも、ホルキン弁護士やオルーク元下院議員と同じ考えだったようだ。

白人至上主義者が銃を持つことの怖さ

白人至上主義者によるエルパソの事件で問われたのはトランプ大統領の憎悪を煽るレトリックに加え、銃弾を連射できる半自動小銃が誰でも簡単に入手できてしまう「銃社会の異常さ」である。米国には人口約3億2700万人を上回る4億丁近い銃があふれていると言われるが、この国はなぜ他の先進国のように「常識的な銃規制」を行うことができないのか。4億丁近い銃のほとんどは、コルト、スミス&ウェッソン、レミントンなど米国の銃器メーカーによって製造・販売されている。

本当に恐ろしいのは、「多くの移民や有色人種を殺したい」と考えているような白人至上主義者が銃を手にした時である。実際、最近は白人至上主義者によって引き起こされる銃乱射事件が増えており、その多くが大量殺人につながっている。白人たちは黒人やヒスパニックの「ギャング」による銃撃事件を声高に批判するが、ギャングの場合は敵対するギャング同士の撃ち合いがほとんどで、一般市民が大量に犠牲になるケースは比較的少ない（運悪くその場に居合わせた人が巻き込まれることはあるが）。

エルパソの事件に加え、2018年2月にフロリダ州パークランドのマージョリー・ストーンマン・ダグラス高校で生徒と教職員17人を射殺した犯人も白人至上主義団体とつながっていた。19歳のニコラス・クルーズは事件前、黒人やイスラム教徒への差別発言を繰り返し、白人至上主義団体の軍事訓練に参加し、SNSに「プロの学校銃撃犯になる」と投稿していた。警察当局も事件の1年ほど前から、「危険な人物がいる」との通報を受けていたが、具体的な犯行計画の証拠はなかったため、防止対策を取れなかったという。

⇧⇦米国の銃砲店の棚に並べられた拳銃やライフル銃（著者撮影）

パークランドの事件の後、米国内では半自動小銃など殺傷力の高い「襲撃用銃」の販売・購入禁止と、購入者の犯罪歴・精神障害歴などの身元調査を義務付ける銃規制法を求める声が高まった。米国では州法でも銃規制が実施されていて、すでに銃購入者の身元調査を義務付けている州はニューヨークやカリフォルニアなど約20州あるが、残りの州は義務付けられていないので、連邦法によってすべての州で義務付けようというのである。

しかし、これまで大規模な銃乱射事件が起こるたびにこれと同じような提案は何度も行われてきたが、銃規制に強硬に反対するロビー団体「全米ライフル協会」（NRA＝National Rifle Association）によって潰されてきた。

トランプ大統領はパークランドの事件の直後、犠牲者の家族や同級生と面会し、銃購入の最低年齢引き上げなどを含めた銃規制強化策を講じると約束した。ところが、NRAのウェイン・ラピエール会長と会談した後、それを撤回し、逆にNRAが提案している「教師の武装化」を進めると言い出した。

これは教師に銃を持たせて犯人と対峙させるというものだが、現場の教師からは「教師が学校に銃を持ち込むのは非常に危険だ」「自分たちは教育者であり、そんな責任を負わされるのはまっぴらだ」「教師に銃を持たせるのは現実的な解決策ではない。学校はより危険になり、銃撃事件が増え、恐怖が高まる」など強い反対が出ている。

「全米ライフル協会」に屈したトランプ

トランプ大統領は当初、「ＮＲＡに恐れず、立ち向かう」と宣言していたが、結局、ＮＲＡの会長に屈服させられた形となった。それにしても、ＮＲＡはなぜそんなに強いのか。ＮＲＡの強さの秘密は一般市民から警察官、退役軍人などを含む約５００万人の会員の凄まじい団結力と、銃メーカーの豊富な資金力などを武器にした政治家への強い圧力、さらに「法律を守る良き市民から銃を取り上げても、銃犯罪の防止に役立たない」という強硬な主張にある。

ＮＲＡは連邦議員の銃規制や銃所持の権利に関する法案への投票実績を「Ａ」から「Ｆ」で評価し、その「通信簿」を公表している。評価の高い議員（主に共和党）には多額の献金をし、一方で評価の低い議員（主に民主党）は落選させるために徹底的に攻撃する。２０１６年大統領選に共和党から立候補したマルコ・ルビオ上院議員には約３００万ドル（約３億２４００万円）を、同党重鎮の上院議員だった故ジョン・マケイン氏には生涯キャリアの中で約７７０万ドル（約8億３１６０万円）を献金していた。

また、トランプ大統領は２０１６年大統領選で、ＮＲＡから２１００万ドル（約22億６８００万円）相当の献金を受け取っていたことがわかっている。共和党の議員や大統領がこれだけ多額の献金を受け取っていたら、ＮＲＡが反対する銃規制法案に賛成することはできないだろう。

エルパソの事件の後も、いつもと同じように銃規制を求める声が高まった。そこで民主党は銃購入者の身元調査を義務付ける銃規制法案を提出し、下院を通過させた。しかし、上院で多数を占める共和党は「トランプ大統領が署名する意志のない法案は審議しない」として、審議さえも行おうとしなかった。

トランプ大統領は、「銃乱射事件が多発する原因は銃そのものにあるのではなく、メンタルヘルス（精神疾患）の問題だ」というNRAの言い分に沿った主張を展開している。たしかに大量殺人事件を起こすような人は正常な精神状態の持ち主ではないかもしれない。しかし、うつ病や統合失調症、多極性障害などの精神疾患を抱えた人が皆、このような事件を起こすわけではない。

デューク大学医学部のジェフリー・スワンセン教授（精神医学・行動科学）はこう指摘する。

「精神疾患を抱える人は米国に何千万人といますが、その圧倒的多数は暴力的ではありません。メンタルヘルス対策を進めるのは大歓迎だと思いますが、銃乱射事件があった時だけ語ることではないのです。（中略）精神疾患を完全に治療できれば、社会の暴力はおそらく4％くらいは減少するでしょう。従って、両者の関係はまったくないのです。議論するのはよいですが、これが（銃暴力の）解決の始まりではありません」（PBSニュース、

（2019年8月5日）

つまり、すべての精神疾患を完全に治したとしても、大多数の銃乱射事件は防止できないだろうということだ。

米国と同じようにWASPが支配層を形成するイギリスでは、1920年代から30年代にかけて、危険な人物の手に銃が渡らないようにするために国民の銃所持を免許登録制にし、ほぼすべての自動小銃の所持を禁止する厳しい銃規制法を制定した。イギリスでも近年、白人至上主義者やイスラム過激派などによる暴力テロは多発しているが、一度に大勢の人を殺すような大量殺人は少ない。

また、2019年3月、白人至上主義者の犯人がモスク（イスラム教礼拝所）を銃撃して50人を殺害する事件が起きたニュージーランドでは、その後、ジャシンダ・アーダーン首相が強い指導力を発揮して、事件で使われた半自動小銃など殺傷力の高い襲撃用銃の販売禁止を含む銃規制法を成立させた。

米国ではなぜ、イギリスやニュージーランドと同じようなことができないのだろうか。

インターネットが過激思想の温床に

白人至上主義者による極右テロとも言うべき銃乱射事件が多発している背景には銃の氾

濫に加え、最近インターネットが過激思想の拡散の温床になり、新しいフォロワーをどんどん増やしている状況がある。このようななかで、新たな大量殺人犯が次々に生まれているのである。

エルパソの事件の犯人は犯行前、人種的憎悪に満ちた声明を「8チャン」という白人至上主義者の間で人気の掲示板に投稿していた。

8チャンは2013年に発言規制のないプラットフォームとして立ち上げられたが、日本の「2ちゃんねる」からヒントを得たとの指摘もある。他の多くの掲示板と違って、8チャンは匿名の投稿が可能なため、白人至上主義や極右の過激派による人種差別的な投稿があふれ、「憎悪イデオロギーの温床」、「憎悪の掃き溜め」などと呼ばれていた。

2019年3月のニュージーランドの事件や4月のカリフォルニア州のユダヤ教礼拝堂の襲撃事件の犯人も8チャンに殺人計画を投稿していた。その後のエルパソ事件で8チャンは厳しい批判を受け、閉鎖されたが、問題はこのような状況が長い間放置されてきたことだ。

その背景にはこれまで表現の自由に配慮し、ネット広告や検索エンジン、SNSなどの基盤（プラットフォーム）を運営するIT企業の責任を厳しく問わずに、個々の自主性に任せていたことがある。しかし、今やインターネットは過激派組織にとって、「過激化」

を促進する主要な手段となっており、実際、人々は白人至上主義団体などに加入することなく、ネットを使って過激主義者と交流し、過激思想を受け入れることが可能だ。急速に拡大したネットコミュニティに対し、法律や政策が追いついていないのは明らかであり、何らかの規制が必要ではないかとの声が高まってきた。

議会下院の司法委員会はこの事態を重く見て、2019年4月9日、インターネットの規制について検討するためにIT企業や人権団体の関係者を招き、「ヘイトクライムと白人至上主義の拡散」と題する公聴会を開いた。

法的平等や司法の多様性を促進する活動をしている人権団体「法の下の公民権のための全米弁護士委員会」のクリスティーン・クラーク代表は公聴会で証言した後、PBSニュースの番組に出演して説明した。

「この危機を助長している要因の一つは、インターネットであまりに多くの憎しみが生まれていることです。人々が集結し、メンバーを集め、集会を組織し、標的にする人たちを決め、殺害について投稿する場所はソーシャルメディアなのです。ですから、いまネット上の憎しみを突き動かしている根本的な原因を明らかにすることが重要です」

インターネットの規制という話になると、表現の自由の問題がからんでくるが、クラーク氏はそれについても話した。

「両者はまったく別の問題です。私は表現の自由を謳った憲法修正第1条の重要性を確信しています。それは米国の民主主義の礎となる原則です。しかし、我々がいま議論しているのは修正第1条によって守られていない言動です。有色人種のコミュニティを脅し、暴力を煽り、インターネットを使って憎悪の集会を計画するということは修正第1条の範疇から大きく外れることなのです。いま必要なのは、IT企業が運営するプラットフォームが、利用者にとって安全なコミュニティであるということを担保することです」

最後にクラーク氏は、この問題に対処するためにIT企業が何をしなければならないかについて具体的な提案をした。

「IT企業はもっとリソースを振り向ける必要があります。社内での徹底的な議論が重要ですし、公民権の支援組織とのパートナーシップや協力も必要でしょう。我々はヘイトクライムの余波に対処するために闘っています。コミュニティでの取り組みを行い、被害者を助けているわけです。IT企業はこの醜い現実に敏感になり、その憎悪の環境をつくるのに自分たちがどのように関わっているのか理解するべきだと思います」

クラーク氏の団体は公聴会が行われた数カ月前から、他の人権団体とも協力しながら、IT企業にこの問題に対応するように働きかけを行っていた。人権団体から要請を受け、議会が動き出したこともあり、IT企業もついに重い腰をあげた。

２０１９年5月2日、交流サイト大手のフェイスブックが極右の論客ら6人と1団体を「危険」と認定し、アカウントを削除し、投稿を認めないなどの措置を取ると発表したのである。しかし、他のＩＴ企業はまだ具体的な行動を起こしていない。

イスラム過激派より怖い国内の極右テロ

米国のテロ対策はいま、大きな転換を迫られている。２００１年の同時多発テロ以降、連邦政府はずっとイスラム過激派のテロ対策に重点を置いてきたが、本当のテロの脅威は国内の白人至上主義や極右の過激派からきていることがデータからも明らかになっているからである。

戦略国際問題研究センター（ＣＳＩＳ）によると、極右の過激派による攻撃（ヘイトクライム、テロを含む）は２０１６年から２０１７年にかけて4倍以上に増えた。また、ユダヤ系の過激派監視団体「名誉毀損防止同盟」（ＡＤＬ）の調査によれば、２０１８年に起きた過激派による殺人事件のほとんどは白人至上主義や極右に関連するものだったという。

そしてＦＢＩは２０１９年5月、「白人至上主義者によるヘイトクライムやテロが増加している。この数年、国内テロリストの逮捕や犠牲者が国際テロリストのそれを上回っている」と警告した。

米国内の極右テロの脅威が高まっていることは、連邦当局が懸命の捜査で大量殺人計画などをいくつも未然に防いでいることからも明らかである。

2019年2月2日、メリーランド州に住む沿岸警備隊員のクリストファー・ハッサン容疑者が民主党の有力議員や著名テレビ司会者などを標的にした大規模な殺人テロ計画を準備していたとして逮捕された。彼の自宅からは半自動小銃やライフルなど銃15丁以上と1000発以上の銃弾が押収された。

捜査当局がハッサン容疑者の脅威が差し迫っていると判断したのは、大量の武器や標的リストを用意していたことに加え、彼がノルウェーの2011年7月の連続テロ事件で77人を殺害したブレイビク受刑者の影響を強く受けていたとの情報を掴んだからだという。ノルウェー首都のオスロ政府庁舎爆破事件で8人、ウトヤ島銃乱射事件で69人を殺害したブレイビク受刑者は服役中の単独犯としては世界最大の大量殺人犯とされているが、ハッサン容疑者はこの事件を参考にして殺人計画を練っていたというから恐ろしい話である。

それからエルパソの事件の2週間後、オハイオ州で白人至上主義者のジェームス・リヤドン容疑者(20歳)が、ネットで半自動小銃を乱射する動画とともに「ユダヤ教コミュニティセンターを攻撃する」と予告し、逮捕された。

ＦＢＩは男の自宅から複数の半自動小銃とライフル銃、防弾チョッキ、ガスマスク、大量の銃弾などを押収した。また、彼が２０１７年8月のシャーロッツビルの白人至上主義者の集会にも参加し、白人至上主義を強く信じていたこともわかった。

このように連邦当局は大量殺人計画を未然に防ぐために懸命の捜査を行っているが、問題はトランプ政権が国内の過激派対策にあてる予算と人員を大幅に削減していることだ。

２０１９年６月４日、議会下院の「白人至上主義の暴力テロ対策」に関する公聴会で、国土安全保障省（ＤＨＳ）テロ防止対策部のブレット・スティール元戦略地域ディレクターが、「（トランプ大統領が就任した）２０１７年以降、国内の白人至上主義や極右のテロ対策のリソースは大幅に削減された」と証言した。

スティール氏によると、２０１７年には予算２１００万ドル（約22億６８００万円）、16人の正職員と25人の契約職員で国内の極右テロに対応していたが、２０１９年8月には8人の献身的な正職員だけで契約職員はゼロ、予算も２６０万ドル（約2億８０００万円）と大幅に削減されてしまったという。

これに対し、民主党の議員からは、「トランプ政権の国内の過激派対策は不十分だ。大統領は大量殺人を防止するための政府機関を空洞化させている」との批判が出た。

トランプ大統領は就任以来ずっとイスラム過激派を最大の脅威とみなす一方で、国内の白人至上主義者を擁護するような発言を繰り返してきた。トランプ政権のテロ対策には大統領の考え方が反映されているようだが、これでは国内で増大する極右の過激派の脅威に対応することはできないだろう。

前述の白人至上主義団体と命がけで闘っているSPLCのミラー氏もトランプ政権に対し、国内の極右テロ対策のリソースを増やすように強く求めている。エルパソの事件の後、トランプ大統領は「連邦捜査官が国内テロと闘うために必要なあらゆるリソースを提供する」と約束したが、このような状況でその約束が果たされる可能性は低い。

考えてみれば、米国内の暴力テロの脅威は南北戦争の時代からずっと存在していた。南北戦争の原因となった奴隷制廃止を掲げたリンカーン大統領は、奴隷制廃止に不満を持つ男によって暗殺された。そして南北戦争が終わると、かつての奴隷所有者や白人至上主義者が中心となってKKKを設立し、黒人リンチ、ヘイトクライム、人種差別テロを繰り返してきた。米国内の白人至上主義や極右の過激派の脅威は非常に根が深く、深刻なのである。

第四章

世界に広がる反移民主義と過激思想

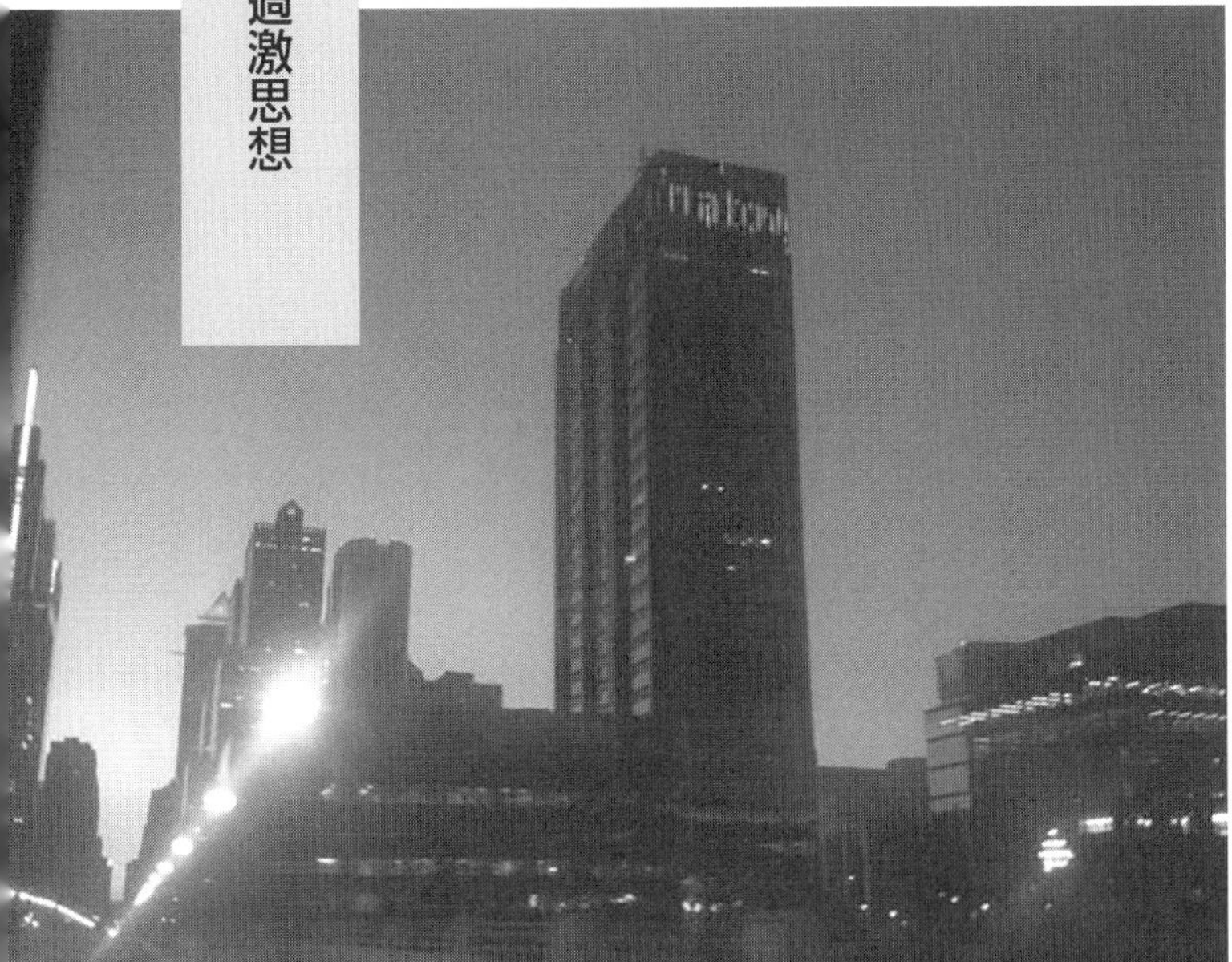

白人至上主義、過激思想に国境はない！

白人至上主義や過激思想は米国にとどまらず、欧州やオセアニア、アジアにも広がり、大量殺人テロが相次いでいる。

２０１９年３月15日、ニュージーランド（ＮＺ）のクライストチャーチで、白人至上主義者の男が２カ所のモスクを襲撃し、50人を殺害するという恐ろしい事件が起きた。殺傷力の高い半自動小銃とライフル銃を持ち、ヘルメットと防弾チョッキをつけた犯人は最初のモスクで、金曜礼拝に集まった大勢の信者に向けて発砲した。人々は難から逃れようと裏のドアに向かって走り出したり、床に這いつくばったり、壁をよじ上ろうとしたりしたが、多くは撃たれて血を流し、床に倒れた。犯人はそこで41人を殺してから、およそ５キロ離れた他のモスクへ移動して殺害を続けた。しかも男は犯行の様子を動画で撮影し、17分間にわたってフェイスブックでネット配信したという。

一体何が犯人をそこまで残酷にさせたのか。

殺人罪で起訴されたオーストラリア出身の白人男性、ブレントン・タラント被告（28）は、強い有色人種移民への排斥感情と白人至上主義に突き動かされて犯行に及んだようだ。彼が犯行前にＳＮＳに投稿した70頁を超える犯行声明文は有色人種の移民に対する憎しみに満ちていた。２０１７年４月にフランス、スペインなどを旅行した際、どんな小さな町にも移民が入り込んでいるのを目の当たりにして、「白人の西欧諸国が侵略される」と危機感を持ち、「これに対抗するには暴力的な解決策しかないと考えるようになった」と書いた。それから彼は米国サウスカロライナ州の黒人教会で9人を殺害した事件（2015年）や、ノルウェーの連続テロで77人を殺害した事件（2011年）などについていろいろ調べ、NZのテロを計画したという。

それと、この事件で見過せないのは犯人が声明文のなかで、トランプ大統領を「新たな白人のアイデンティティの象徴」で、「共通の目的を有している」と称え、支持していたことだ。トランプ大統領の反移民、人種差別的なレトリックの影響については第三章でも述べたが、それがNZの事件の犯人にも影響を与えた可能性があるということは、白人至上主義、極右思想に国境はなく、その脅威が世界中に広がっていることを示している。

NZの事件を受けて記者から、「白人至上主義の脅威は世界で高まっていると思いますか？」と問われたトランプ大統領は、「そうは思いません。ごく少人数の非常に深刻な問題を抱えた一部の人の問題です」と否定した。しかし、NZのジャシンダ・アーダーン首相は事件後、白人至上主義や極右思想を厳しく非難し、トランプ大統領と意見が違うことを明確にした。

スリランカのテロはNZの報復だったのか

一方、反移民感情の高まりで勢いづく白人至上主義や極右の過激派に対抗する形で、イスラム過激派も勢力を強めている。

NZの事件から1カ月余りを経た4月21日、スリランカでイスラム過激派によるキリスト教会や高級ホテルを狙った連続爆破テロが起こり、280人以上が犠牲となった。犠牲者の数としては、米国の「9・11同時多発テロ」以降、最大規模である。スリランカ政府は事件の後、「NZのテロの報復ではないか」との見方を示したが、そう考えると、犯行グループがキリスト教徒にとって特別なイースター復活祭の日を選んでテロを実行したことは理解できる。

4月21日の午前8時過ぎ、首都コロンボにある聖アントニオ教会の礼拝堂では数百人が祈りをささげていた。そこへリュックを背負った男が駆け込んできて、持っていた爆弾を爆発させた。一瞬にして教会の屋根は吹き飛び、ステンドグラスは割れて床に散乱し、なかは血の海となり、死傷者があふれた。

同じ頃、北部のニゴンボの聖セバスチャン教会でも爆発があり、信者が跪いていた床はガラスとガレキの山となり、洗礼式は死の場所と化したという。

さらに数分後、コロンボにある外国人観光客に人気のシャングリラ・ホテルで3回目の爆発が起きた。ちょうどブランチの時間で、大勢の人がレストランで食事をとっていたが、そこにはスリランカ在住の日本人女性、高橋香さん（39）も家族と一緒にいて、家族は負傷し、高橋さんは亡くなった。

それから午前9時を過ぎた頃、コロンボの他の2つのホテルと東海岸の教会を含む他の計3カ所でも爆弾テロが起きた。そのなかのシナモン・グランド・ホテルには米国人の少年、キーラ君（11）が父親と一緒に滞在していたが、彼だけが朝食に向かうエレベーターのなかで、爆弾の破片が心臓に突き刺さって亡くなった。

キーラ君の父親は、米国ABCテレビのインタビューで悲しみをこらえながら、「少しでも場所がずれていたら、亡くなっていなかったかもしれません。何もしてやれない状態でした……」と話した。

好奇心と自信にあふれたキーラ君は成績優秀で、6年生は飛び級の予定だったというが、父親はこう続けた。

「雄弁で思慮深い子です。アルツハイマー病の研究をしたいと言っていました。テロリストは誰を殺したのかわかっていません。世界は、聡明ですばらしい、神経科学者をめざす人材を失ったのです。まだ12歳にもなっていなかったんです……」

スリランカ政府の発表によると、3つの都市の計8カ所で発生した連続爆破テロで

286人が死亡し、500人以上が負傷したという。このような高度に仕組まれたテロを実行できる組織は限られてくると思われるが、過激派組織「イスラム国」(IS＝イスラミック・ステート)が「自らの戦闘員による犯行である」と認めた。この事件がNZのテロの報復だったのかどうかは確認されていないが、憎しみの応酬がテロの連鎖につながっていることは間違いないだろう。

欧州でも過激思想、テロの脅威が高まる

イスラム過激派と極右ナショナリストの過激派が激しく対立する構図は欧州でも起きており、両者によるテロ事件が増加している。

2019年11月13日、フランスでは4年前に起きた同時テロ事件の犠牲者を追悼する集会が行われた。これはイスラム国のメンバーらがパリのレストランやコンサートホールなどを次々に襲撃した事件で、合わせて130人が殺害された。

このテロの後、フランスでは警察の権限を大幅に拡大するなど過激派対策を強化し、マクロン大統領自身が国内のイスラム教指導者に直接会い、信者が過激化する時にどのような兆候を見せるかについての情報を共有するように求めた。また、過激派対策の一環として、人の行動や服装、言葉の変化などに注意を払いながら、過激化しているかどうかを見

極めるための訓練を提供する民間企業も出てきた。ところがそんな矢先、またもとんでもない事件が起きた。

２０１９年10月、パリ警視庁に勤務する男が職場で突然ナイフを取り出し、同僚４人を次々に殺害したのだ。当初は職場への不満が動機とみられていたが、その後、過激思想に染まっていたことがわかった。

男は10年ほど前にイスラム教に改宗してから過激派に傾倒するようになり、テロ行為を支持するような発言を周囲にもらしていた。そのため、複数の同僚が男についての懸念を上司に伝えたが、職場で問題を起こしたわけではなかったので、特別の措置は取られなかったという。しかし、警察内部でのテロ事件を防げなかったことについては方々から批判の声が出た。

⇧パリの街ではイスラム過激派によるテロが相次いでいる（著者撮影）

フランスでは他にも、２０１５

年1月に週刊風刺新聞「シャルリー・エブド」の本社が銃撃テロの標的となり、編集長やコラムニストら12人が殺害されたりしているが、なぜこれほどイスラム過激派によるテロが多いのか。

その理由としては、フランスのイスラム教徒の人口は約500万人と欧州で最も多いことに加え、反移民を掲げる欧州最大の極右政党「国民連合」（RN）が台頭し、国内の分断が急速に高まっていることなどがある。

RNは移民受け入れ反対、フランス人失業者の救済優先、フランス文化第一主義などを掲げて1972年に設立されたが、当初はほとんど注目されなかった。しかし、1980年代から90年代にかけて経済不況や大量失業などで社会不安が高まると、少しずつ支持を増やした。そして2010年代に入り、北アフリカ（旧植民地）や中東などからのイスラム教徒の移民が増えると、支持率を急速に伸ばした。

RNの移民反対や自国文化第一主義を掲げて社会不安を抱える人々の心をつかむ手法はトランプ大統領のそれともよく似ている。このような政党が急速に支持を伸ばし、政権入りの可能性も出てきたことが移民やイスラム教徒の不安を高め、イスラム過激派のテロの増加を招いている可能性はある。

ナチスの過去を持つドイツでも極右が台頭

ドイツでも、イスラム教徒の移民を積極的に受け入れてきたメルケル政権に反発する人たちの支持を集めて、極右政党が勢力を伸ばしている。

２０１９年10月28日、ドイツ中部デューリンゲン州で行われた州議会選挙区で驚きの結果が出た。メルケル首相の与党「キリスト教民主同盟」（ＣＤＵ）が第一党から第三党に転落する一方、極右政党「ドイツのための選択肢」（ＡｆＤ）がＣＤＵを抜いて、第二党に躍進したのである。

２０１３年に設立されたＡｆＤは反移民や反イスラム教徒を掲げながら支持を増やし、２０１７年の総選挙で12・６％の得票を得て、初めて連邦議会で議席を獲得した。第二次世界大戦後、ナチス（ヒトラーを党首としたファシスト政党）の過去を教訓として極右勢力の制圧に取り組んできたドイツで、このように極右政党が支持を伸ばし、州議会や連邦議会で議席を増やすというのは衝撃的なことだ。

それに伴い、極右の過激派も勢いを増している。

ドイツ政府が２０１９年6月に発表した報告書によれば、極右の過激派の数は約2万人にのぼり、そのうち「暴力的で危険」とみられる者が半数以上を占めたという。また、極右による暴力事件は年間２万件を超え、そのなかには殺人事件も何件か含まれている。

とくに衝撃的だったのは、2019年6月2日、難民支援に携わった与党の地方政治家が極右活動家によって至近距離で頭を撃たれ、死亡した事件だ。ヘッセン州カッセルの行政官だったワルター・リップケ氏（65）は、2015年に中東やアフリカからの大量の難民・移民を受け入れる決断をしたメルケル首相を擁護する演説や活動を行っていたが、それが極右の激しい怒りを買ったようだ。

ドイツは第二次世界大戦後、ユダヤ人を大量虐殺したナチスへの自戒から、ナチス禁止条項を刑法に盛り込み、ナチスの紋章であるカギ十字（ハーケンクロイツ）の使用やナチスの宣伝、資料の配布などを禁止し、違反した者には懲役3年以下の処罰を科している。このような厳しい取り締まりにもかかわらず、極右勢力が息を吹き返し、支持を伸ばしているというのは非常に深刻な事態だが、それだけ移民・難民の受け入れやイスラム教徒に対する人々の反発が強いということだろう。

欧州議会選挙で極右政党が大きく躍進

移民受け入れ反対（移民排斥）を掲げる欧州各国の極右政党は、欧州議会でも大きく躍進している。2019年5月24日から26日にかけて、欧州連合加盟28カ国で約4億人の有権者が参加して行われた欧州議会選挙で、大きなサプライズが起こった。

まずフランスでは、欧州最大の極右政党「国民連合」（RN）とマクロン大統領率いる「共和国前進」との一騎打ちとなり、RNが得票率24％を獲得し、1％の僅差で勝利した。議席数でみると、国民連合が22、共和国前進が21、緑の党が12、共和党が8、不服従のフランスは6となった。

フランスのテレビ局「F2《フランスドゥ》」はこの結果について、「共和国前進と国民連合の接戦は予想通りだが、続く順位はまったく想定外でした。環境保護派が意外にも3位に躍進し、共和党と不服従のフランスは文字通り崩壊しました……」（2019年5月26日）と報じた。

この他、イタリアではマッテオ・サルビーニ内相が率いる「同盟」が、イギリスではナイジェル・ファラージ氏のEU離脱を掲げる「ブレグジット」党が、ハンガリーでは「フィデス＝ハンガリー市民連盟」などの極右政党が勝利し、第一党となった。これらの政党に共通するのは「移民嫌い」と「EU嫌い」だが、選挙で支持を伸ばした背景には巧妙な戦略があった。

とくに注目されるのは、フランスの国民連合と並んで欧州の大きな極右勢力となったイタリアの同盟である。同盟は2018年6月に連立政権に入り、サルビーニ党首が副首相兼内務相に就任した。

サルビーニ内相はイタリアが中東やアフリカから欧州をめざす移民や難民の玄関口と

なってきたことに着目し、「不法移民を一切入国させない」という強硬な姿勢を打ち出した。同氏は「イタリアは移民受け入れで多大な負担を負っている」と主張し、「移民の存在が治安の悪化にもつながっている」と不安を煽り、自らのツイッターで移民が容疑者になっている凶悪事件のニュースを投稿したりして、反移民政策を正当化した（NHK・BS「国際報道」2019年5月24日）。

サルビーニ氏のEUをやり玉にあげる姿勢には、「社会の分断を深める」との批判も出ている。長年、人権問題に取り組んできた弁護士のアルベルト・グアリーゾ氏は、「サルビーニ氏が内相に就任してから、移民に対する嫌がらせや福祉政策における差別が増えている」と指摘し、現状に警鐘を鳴らしている（同「国際報道」）。

ところが、人々の移民に対する反発やEUへの幻滅の高まりなどもあって、同盟の支持率は下がるどころかどんどん上がっているという。

他の国の極右政党も同様に移民とEUを攻撃する戦略を展開し、議席を増やした。欧州議会選挙の後、フランス、イタリア、ドイツなど9カ国の極右政党が一緒に新会派「国家と自由の欧州」を結成した。選挙前、9カ国の極右政党の議席は合わせて36だったが、選挙後は73議席とほぼ倍増させ、定数751の欧州議会で約10%を占める勢力となった。一方、欧州議会の二大会派である中道右派「欧州人民党」（EPP）と中道左派「社会民主進歩同盟」（S&D）は議席を減らし、それまで握っていた議会の過半数を失った。

移民やEUを攻撃する極右政党の新会派が全体の約10％を占め、穏健な勢力も含めると全体の約30％に達し、欧州議会の政策決定に大きな影響力を持つようになった。イギリスのEU離脱や加盟国の移民・難民問題など難題を抱える欧州議会の運営は、今後一段と難しくなることが予想される。

欧州でも多文化主義が求められる

欧州では長い間、白人キリスト教徒を中心とした社会が続いているが、近年、シリアやイラクなどで戦争が起こり、大量の難民・移民がドイツ、フランス、イタリア、スウェーデンなどに押し寄せた。彼らの多くはイスラム教徒だが、宗教も肌の色も言葉も異なる人たちが現地社会になかなか溶け込もうとしないということで、人々の不満や反発が高まった。それをうまく吸い上げる形で極右勢力が台頭し、支持を増やした。

人々の不満は加盟国に移民・難民の受け入れを求めるEUに対する反発にもつながり、それが結果的に極右勢力を勢いづかせることになった。そして極右政党はEU離脱を主張し始め、まずイギリスがブレグジット（EU離脱）を決定し、その動きが他の加盟国にも広がるのではないかとの懸念が高まっている。

欧州各国の極右政党は近年の経済低迷や移民・難民問題をすべてＥＵに押しつける形で、ＥＵの閣僚などを非難している。しかし、ＥＵ域内の人やモノ、サービスの自由な移動を実現したことによる経済的利益や、加盟国同士の協力体制の促進による政治的安定と平和構築などを含め、ＥＵが加盟国にもたらしたメリットは少なくないはずだ。これらをすべて無視して、一方的にＥＵを攻撃するのはフェアではないが、そもそもどうしてこうなってしまったのか。

欧州諸国の多くが自国第一主義を掲げ、結果的に極右勢力の台頭を招いた背景には、「（白人の）米国を再び偉大にする」というスローガンを掲げて当選したトランプ大統領の影響もあると思われる。もちろん、フランスの「国民連合」（１９７２年設立）やハンガリーの「フィデス＝ハンガリー市民同盟」（１９８８年設立）などは何十年も前から活動しており、トランプ大統領がその誕生を助けたわけではない。ただ、トランプ大統領が就任後、白人至上主義や極右の過激派を擁護するような言動を繰り返してきたことで、欧州の極右政党に「極右の正当性」（極右思想を堂々と主張してもよいという許可のようなもの）を与え、それが彼らを勢いづかせてしまったことは否定できないだろう。

このような状況のなかで、欧州諸国にいま強く求められているのは、異なる人種、民族、宗教、文化などを互いに認め合い、共存できる多文化主義社会に向けた取り組みではないかと思う。この取り組みに関しては、米国は１９５０年代に始まったあらゆる差別を撤廃するための公民権運動に続いて、教育現場や職場の人種、民族、性別、宗教などの多様性を促進するダイバシティ対策を積極的に進めてきた経験を持つが、欧州諸国にはこのような経験は少ない。

しかも、これまで欧州で指導的な役割を果たしてきたドイツのメルケル首相が退任をひかえて〝レイムダック（死に体）化〟し、イギリスはＥＵ離脱をめぐって混迷を深めており、指導的な役割を果たせる国と人物が見当たらない。あえて個人的な願望も込めて言えば、フランスのマクロン大統領あたりに欧州の新たな顔（リーダー）になってもらいたいと思う。

自国の利益ばかりを追求する「自国第一主義」がはびこり、欧州全体の利益を追求することを使命とするＥＵに対する反発が強くなっている時代だからこそ、欧州各国に多文化主義社会を実現する取り組みが大切なのではないか。次章では、米国での多文化主義社会への取り組みを紹介しながら、新たな可能性をさぐる。

第五章

白人支配の維持か、多文化主義の実現か

多数派支配を失うことを恐れる白人たち

異なる人種、民族、文化が対等に共存できる社会をめざす米国の「壮大な実験」は近い将来、白人が少数派になることでいよいよ正念場をむかえる。具体的には、「米国は白人がつくった国だ！」という本音をむき出しにして白人支配を維持しようとするのか、それとも本気で「多文化主義社会」の実現を目指すのかである。

白人たちは少数派になることで必ずしも自らの資産や権力を失うわけではないだろうが、第一章で述べたように少数派になることに大きな不安や恐怖を感じている人は少なくない（とくに保守層に）。そのため、白人の支持者を多く抱える共和党は人口構成で多数派を失わないように、あるいはその時期を少しでも遅らせるようにするために、いろいろと政治的戦略を練っているようだ。

米国は二大政党制で、中道右派の白人の支持者が多いのは共和党、中道左派の白人と有色人種の支持者が多いのが民主党である。今後有色人種の人口がどんどん増えて、白人の人口が減ることで支持者が減少し、政治的なダメージを受けるのは共和党ということになるため、トランプ政権と共和党は様々な手を使って有色人種の人口増加を抑えようとしている。

なかでも特に露骨だったのは、トランプ政権が国勢調査のやり方に介入し、市民権の有無を問う質問（以下、市民権質問）を追加させようとしたことだ。

米国の人口を正確に把握するために10年毎に行われる国勢調査では通常、性別・年齢・人種・所得などについて問われるが、市民権に関する質問はない。その質問を加えると、不法滞在者などが調査に参加しにくくなり、正確な数字を得られなくなる可能性があるからである。

ところが、国勢調査局を管轄する商務省のウィルバー・ロス長官は2018年3月に突然、「2020年の国勢調査に市民権の有無を尋ねる質問を追加する計画である」と発表した。ロス長官はその理由として、「有色人種の投票権の保護を強化するため」と説明したが、それに納得した人は少なく、方々から厳しい批判を受けた。

下院民主党はロス長官を議会公聴会に呼んで、「トランプ政権と共謀して、非白人の政治力を抑えようとしているのではないか」と追及した。つまり、民主党が問題としたのは、トランプ政権は国勢調査に市民権質問を追加することで非白人の回答者を減らし、それによって有色人種の人口増加による政治力の拡大を抑えようとしているのではないかということだ。

連邦政府は国勢調査の結果に基づき、各州・郡・市への交付金の額や選挙区の区割り（議席数）などを決める。従って、非白人の回答者が減ればその地域の交付金や議席数が減る可能性があり、住民の政治力も抑えられてしまうということになる。

市民権質問の追加については人権団体も強く反対し、米国最大の人権団体「米国自由人権協会」（ACLU）などが連邦地裁にその決定の撤回を求めてトランプ政権を提訴した。

原告側は、「この質問を加えることは有色人種の移民に対する意図的な差別であり、〝国勢調査は米国内に住むすべての人のデータを集計しなければならない〟という憲法規定にも反する」と主張した。

そして連邦地裁は原告側の主張を認め、トランプ政権に市民権質問を追加しないように命じる判決を下した。しかし、トランプ政権が上告したため、最終的に連邦最高裁に持ち込まれたが、最高裁は2019年6月、「政府の説明は不自然で、根拠に乏しい」として訴えを退けた。

これを受けて、トランプ政権は国勢調査の実施延期を検討して引き続き争う構えを見せたが、それでは2020年の調査が実施できなくなる恐れが出たため、市民権質問を盛り込むことを断念した。ところが問題はこれで終わらなかった。

有色人種の人口増加を抑えるための戦略

最高裁による上告棄却から約2週間後、トランプ大統領はホワイトハウスで記者会見を行い、市民権の有無に関するデータを別の方法で集める方針を表明した。大統領令を発令し、国土安全保障省や社会保障局などを含む各連邦政府機関が持っている米国の市民と市民でない人のデータをすべて商務省に提供するように命じ、膨大なデータベースを駆使して市民でない人の正確な数を割り出すというのだ。

トランプ政権がここまで市民権の有無に関するデータを収集することに執着する裏には、それを不法移民の強制送還に役立てようというのと同時に、有色人種の人口を少なく見せよう（集計させよう）との思惑が透けて見える。市民権をもたない合法移民や不法移民のなかには有色人種が圧倒的に多いからである。

これとは別に、トランプ政権は２０１９年８月、合法移民が永住権や市民権を取得するための条件を厳格化する新規制を発表したが（第二章で述べた）、その対象となる移民の多くが有色人種であることを考えると、これも有色人種の人口増加を抑えるための戦略の一環と思われる。

これは低所得者向けの公的医療扶助や食糧扶助、住宅補助などの公的扶助を受けている移民に対し、永住権の申請を制限しようとするものだが、彼らが永住権を申請できなければ結果的に有色人種の人口増加を抑えることができるので、共和党にとっては都合がよいということである。

このようにトランプ政権と共和党がそこまでして有色人種の人口増加を抑えようとするのは、彼らを支持している白人有権者がそれを望んでいるからである。

白人と有色人種の「パワーシェアリング」

白人が多数派支配を失うことを恐れる最大の理由は、第一章でも述べたように、それによって自分たちが持っている富（資産）や権力、特権を失うかもしれないと考えるからであろう。しかし、白人たちは少数派になってもそれらをすぐに失うわけではないし、もしかしたら、永遠に失うことはないかもしれない。なぜなら、彼らは少数派になってもそれらを簡単に手放そうとはしないだろうし、白人と有色人種の「パワーシェアリング」（権力の分配）がスムーズに進むとは思えないからである。

複数の人種間のパワーシェアリングは問題がつきものだが、とくに米国の白人と有色人種（とくに黒人）の場合は非常に難しい。なぜなら、白人たちの多くが「米国は白人がつくった国だ」という本音を持ち、「白人と有色人種の不平等は当然である」という考え方に慣れてしまっているように思えるからである。

１８００年代半ばに「黒人奴隷を解放する」と宣言したリンカーン大統領は、「一つの国に複数の人種が住み、特定の人種が他の人種を支配すれば、支配者グループに入りたい

図3：米国世帯の人種別所得中央値（1967年～2014年）

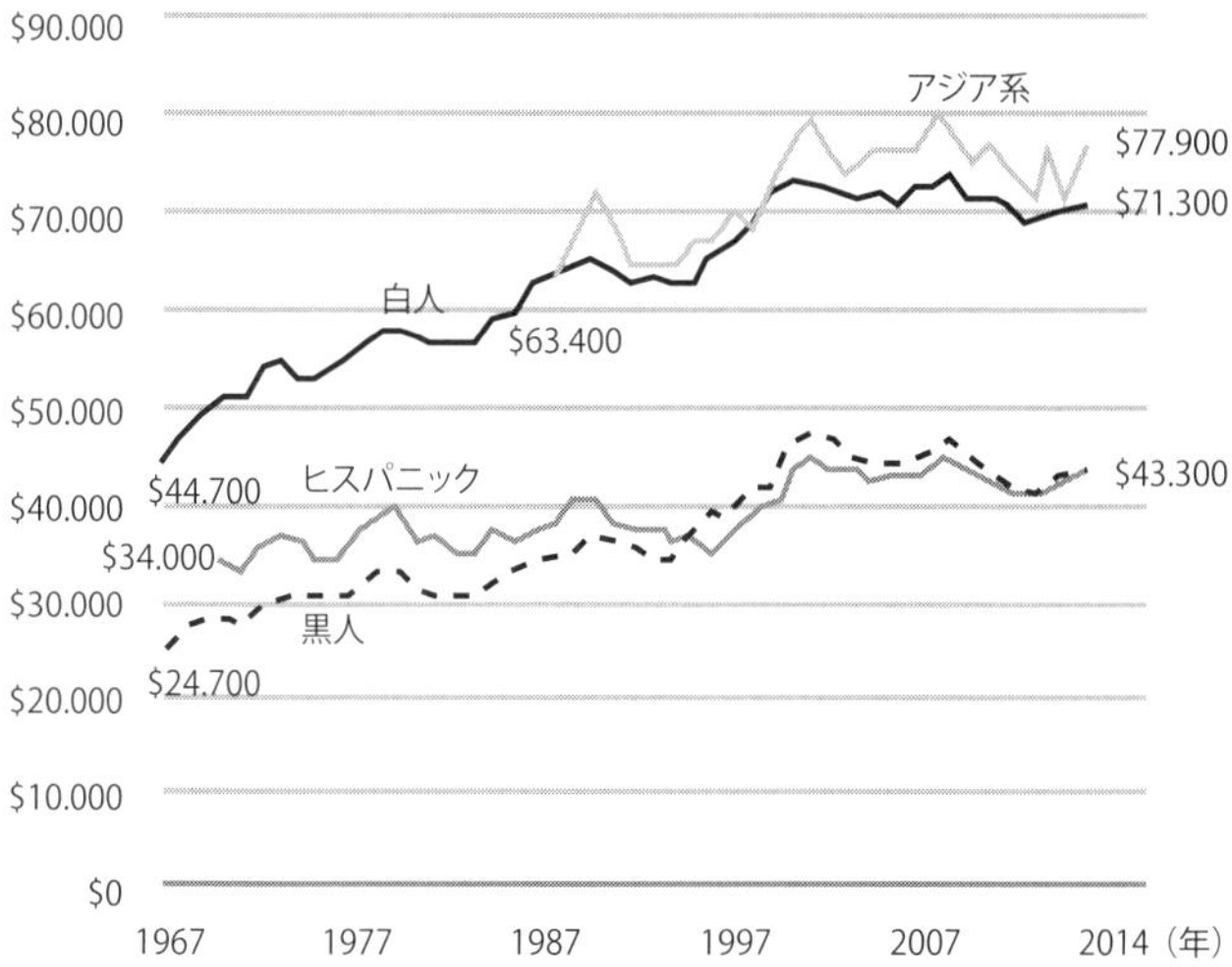

出所：ピュー・リサーチ・センター

と思うのは人間の当然の心理である」と言った。そして、リンカーン大統領は支配者である白人と被支配者の黒人が完全に分断された状況を終わらせるために奴隷制を廃止した。しかし、１８６５年に奴隷制が廃止された以降も、白人が実質的な支配者であるという米国社会の基本的な構造はずっと変わらなかったし、今も変わっていない。

１９６４年にすべての差別を禁止する公民権法が制定されて、白人と有色人種の法的平等は達成されたが、他の政治、経済、文化などの分野では依然として白人の支配が際立っている。とくにそれが顕著なの

図4：白人世帯と黒人世帯の資産保有額中央値（1983年～2013年）

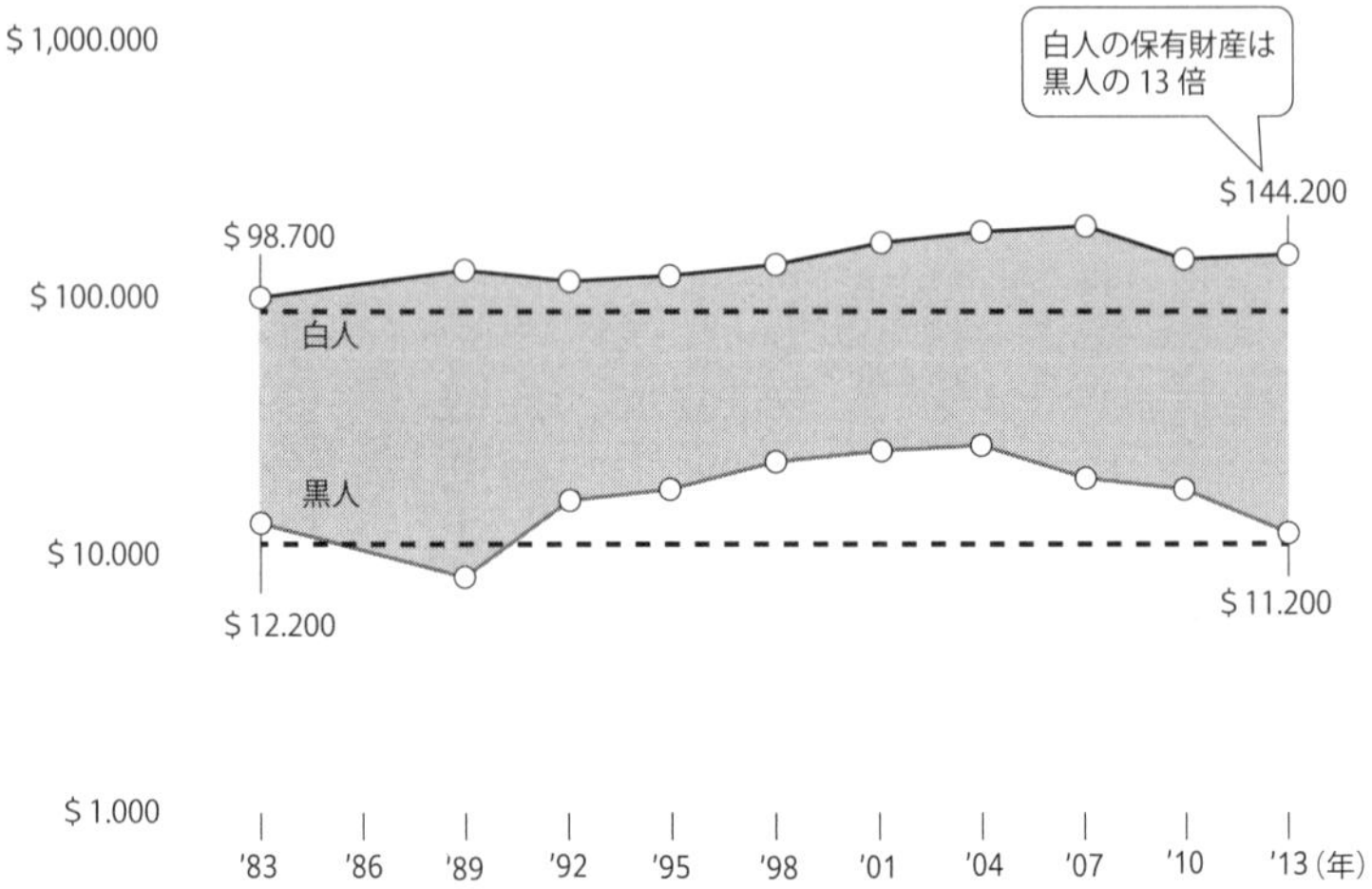

出所：ピュー・リサーチ・センター

は経済的不平等である。

世論調査機関の「ピュー・リサーチ・センター」（PRC）が2014年の国勢調査をもとに集計した調査によると、黒人世帯の所得中央値は約4万3300ドル、白人世帯は約7万1300ドルで、白人世帯は黒人世帯の1・6倍以上稼いでいることになる（図3参照）。

白人世帯は黒人の13倍の資産を持つ

次に資産保有額の中央値（2013年）をみると、白人世帯は14万4200ドルで、黒人世帯1万1200ドルの約13倍の資産を所有していることがわかる（図4参照）。資産保有には前の世代から

図5：米国世帯の人種別貧困率（1974年〜2014年）

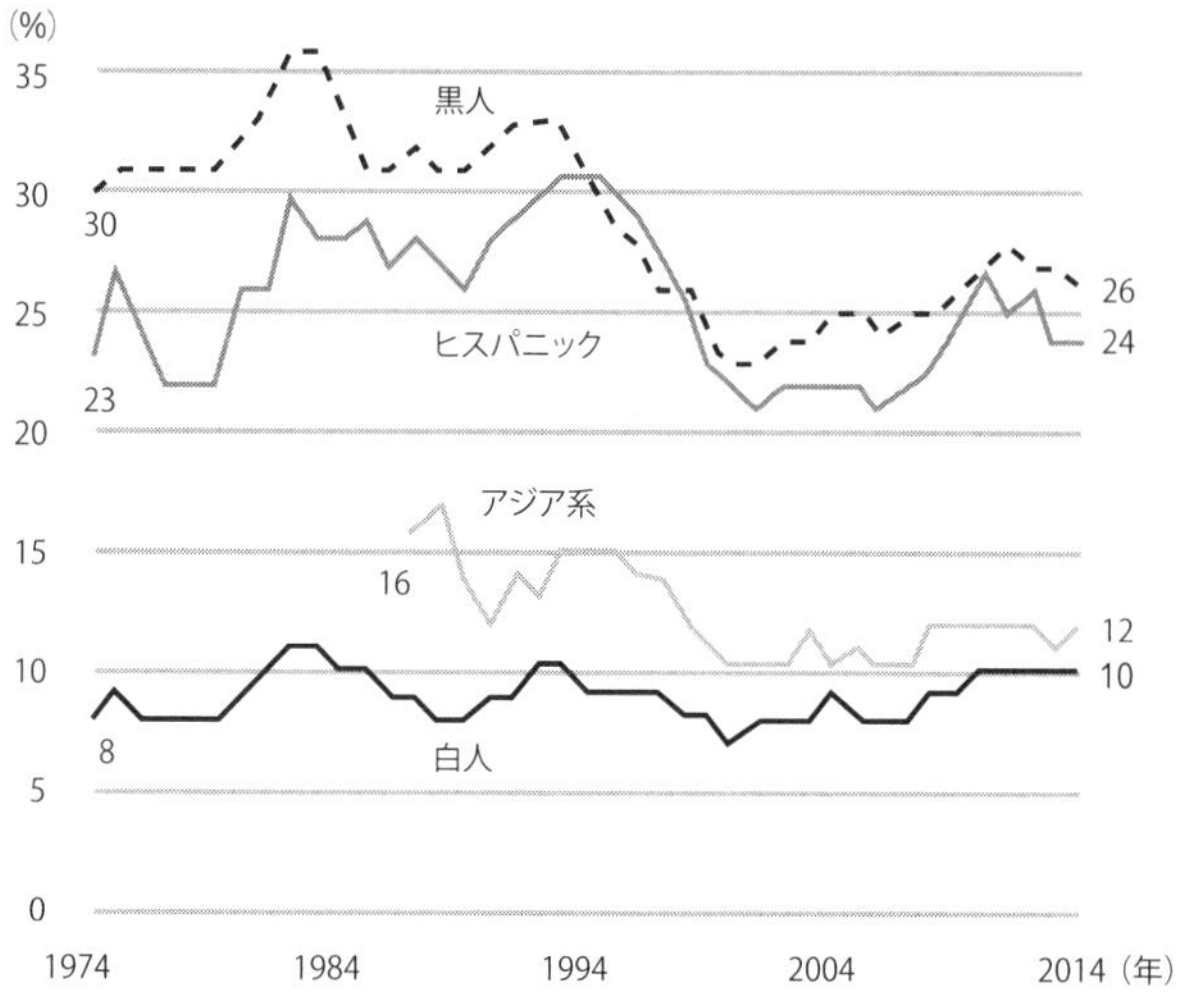

出所：ピュー・リサーチ・センター

相続されてきたものが含まれるが、黒人世帯の保有額が圧倒的に少ないのは、黒人は長い間差別され、土地や建物を所有することや、その購入資金を借りることが禁止されていたことも関係していると思われる。

持ち家所有率も白人世帯は73％で、黒人世帯のそれを大きく上回る。さらに貧困レベル以下で生活する人の割合を示す貧困率は、2014年に黒人は26％で、白人（10％）の2・6倍も高くなっている（図5参照）。

黒人と同様にヒスパニックも白人との経済格差は非常に大きい。ヒスパニック世帯の所得中央値は黒人と同じ4万3300ドルで、資産保有額は1万4000ドルと黒人よりは多いが、白人のおよそ10分の1である。また、持ち家所有率（45％）と貧困率（24％）は黒人のそれに近い。

一方、かつて「モデル・マイノリティ（模範的少数民族）」と呼ばれたアジア系は比較的豊かで、白人との経済格差はあまり見られない。アジア系の所得中央値は7万7900ドルであり、白人の7万1300ドルを上回る。持ち家所有率は57％で白人より低いが、黒人とヒスパニックより高くなっている。アジア系世帯の所得が多い理由としては、高度な技能を持つ移民の流入を促す移民関連法が1990年に制定された後、インド、中国などから高学歴で高所得の移民が大量に流入していることや、他のアジア諸国からも富裕層の移民がどんどん流入していることなどが考えられる。アジア系米国人の約80％は米国以外の出身者である。

このようにアジア系を除いた有色人種と白人との間には大きな経済的不平等が存在するが、その要因としては、米国内で長い間行われてきた有色人種に対する差別が考えられる。とくに法的平等が達成されたにもかかわらず、いまだに根強く残る職場での雇用差別は深刻な問題である。

相変わらず根強い職場の人種差別

米国では公民権法によって人種、性別、出身国、宗教、年齢などを理由とした職場での差別は厳しく禁止されている。そのため、企業は従業員の募集や採用試験を行う場合は、人事担当者が差別行為を行わないように細心の注意を払っているはずだが、それでも差別はなかなかなくならない。とくに採用後の昇進・降格・解雇などをめぐる差別は深刻で、多くの苦情・告発が報告されている。

米国には職場での雇用差別を取り締まる連邦政府機関、「連邦雇用機会均等委員会」（EEOC=The U.S. Equal Employment Opportunity Commission）がある。雇用差別分野の「検察庁」としての役割を担うＥＥＯＣは全米50カ所にオフィスを持ち、弁護士や調査官などを含め職員数約３２００人を擁する。

ＥＥＯＣは全米から雇用差別の苦情・告発を受理するが、それは膨大な数にのぼる。２０１８年には計７万６４１８件を受理したが、内訳は性別に関するものが2万４６５５件（32・３％）と最も多く、続いて人種2万４６００件（32・２％）、障害2万４６０５件（32・２％）年齢１万６９１１件（22・１％）、出身国７１０６件（９・３％）、肌の色３１６６件（４・１％）、宗教２８５９件（３・７％）などとなっている（複数の苦情を抱える人を含む）。

性別に関する苦情がとくに多かった理由として、ＥＥＯＣは、「セクシャルハラスメントや性的暴行の被害体験を告発し共有する、ＳＮＳを通した〝#MeToo〟運動の広がりの影響もあるようだ」と説明した。これは２０１７年10月にニューヨーク・タイムズ紙などが映画プロデューサーのハーヴェイ・ワインスタインによる数十年におよぶセクハラを告発する記事を掲載したことがきっかけで始まった。女性たちに「#MeToo」と声をあげるように呼びかける、世界的な「セクハラ告発運動」である。

ＥＥＯＣは苦情を受理したら、それが発生した企業（組織）に対する調査を行い、「雇用差別の事実があった」と判断すれば、企業に是正措置を勧告したり、あるいは弁護士を立てて訴訟を起こしたりする。ＥＥＯＣは民間企業や連邦・州・地方政府を問わず、訴訟を起こしているが、２０１８年に原告側のために勝ち取った賠償金の総額は、５・５億ドル（約５９４億円）にのぼる。最近の訴訟ケースを一つ挙げよう。

２０１８年9月、ＥＥＯＣはスポーツ用品小売業者「ビッグファイブ社（Big 5 Corp）」の元黒人従業員の代理として起こした人種差別訴訟において、計16・５万ドル（約１７８２万円）の賠償金を払うことなどで会社側と和解した。これはカリフォルニア州オークハーバーにある同社の店舗の店長とアシスタントマネージャーが黒人の管理職研修生ロバート・サンダース氏に対し、人種差別的な嫌がらせや脅迫を行ったというものだ。

その店で唯一の黒人だったサンダース氏に対し、2人は「スプーク（幽霊）」「ボーイ（黒ん坊）」「キングコング」などの人種差別的な言葉を浴びせ、「おまえは（管理職ではなく）〝ジャニター〟（掃除人）の顔をしている」と侮辱した。彼らの差別的言動はどんどんエスカレートし、あげくに「おまえが今度店にやってきたら、木に吊るしてリンチしてやろう。俺たちは本気だ」と脅した。さらに別のアシスタントマネージャーがサンダース氏に対し、「自殺する準備ができたら、知らせてくれ。俺が手伝ってやるから」と追い打ちをかけたという。サンダース氏は一連の嫌がらせ行為によるストレスのために体調をくずし、店を数日休んだ。すると、会社は彼を解雇した。

白人至上主義者による黒人リンチについては第三章で述べたが、同社の白人上司がこの恐ろしい過去を思い起こさせるような言動で黒人の部下を脅迫したのは非常に悪質である。ＥＥＯＣはその点を重大視し、会社側に従業員と管理職を対象に職場内の人種差別行為を防止し、かつそれを報告するための研修を実施することを和解内容に含めた。

職場での差別が法律で禁止されてから50年以上経ってもこのようなひどい人種差別が行われているのは、実はそう珍しいことではない。

しかし、その一方で、米国の労働者にとって心強いのは、雇用差別を受けたらいつでもＥＥＯＣのような機関に相談し、支援を受けられる態勢が整っていることではないかと思う。それ故に、彼らは泣き寝入りする必要はないのである。

白人支配が圧倒的に強いメディア業界

前述したように米国企業の採用試験では「建前上は平等」だが、実際は有色人種を不当に差別している企業は少なくない。

雇用差別を専門に扱っている弁護士によれば、有色人種を差別している企業はそうしていないように見せかけるため、「デパートのショーウィンドウ」のように目立つところに有色人種の従業員を配置したりするという。また、不当な解雇や昇進差別などになると、もっと手が込んでくる。

特定の有色人種を不当に解雇しようとする場合、些細な問題を大げさにしたり、事実をねじ曲げたり、あるいはもっともらしい理由をでっち上げたりする。

たとえば、その人の勤務状況をすべて細かく調べ上げ、ほんの1、2回遅刻したとか、顧客から一度だけ苦情を受けたとかいうことを大げさに取り上げて、「勤務態度がよくない」として解雇したりするという。

昇進差別もどんどん巧妙化している。同程度の能力や功績を持つ白人と黒人の従業員がいる場合、白人だけを昇進させると差別だとわかってしまうので、黒人が同じような功績をあげられないように仕向けていく。具体的には、黒人をさりげなく職場の勉強会などから締め出したり、わざとミーティングに呼ばなかったり、職業支援プログラムを受けさせないようにしたりする。

時には、「アファーマティブ・アクション」の採用枠を持ち出し、特定の有色人種の従業員について、「あいつは〝採用枠〟のおかげで入社できたんだ」と陰口をたたき、嫌がらせをしたりすることもあるという。アファーマティブ・アクションの詳細については、コラム4を参照していただきたい。

このように職場の差別がどんどん巧妙化しているため、法的な平等は達成されても真の雇用平等はなかなか実現しないのである。

米国企業のなかでも特に有色人種の採用人数を少なく抑えて昇進も難しくし、管理職や経営幹部をほとんど白人（男性）が占めているのがメディア業界である。

「ラジオ・テレビ・デジタル・ニュース協会」（RTDNA=Radio Television Digital News Association）はホフストラ大学と共同で、主要テレビ・ラジオ局の報道部スタッフの人種構成を調査した。それによると、テレビ局の報道部では2017年に白人が75・2％、黒人11・7％、ヒスパニック10・8％、アジア系2・0％、ネイティブ・アメリカン0・3％

となっている。調査を開始した1990年と比較すると、有色人種の割合は当時より7ポイント増えて計24・8％となったが、この間に有色人種の人口割合が25・9％から38・3％に上昇したことを考えると、この数字は不十分である。

アファーマティブ・アクションは人口構成に相当する割合の有色人種の雇用を企業などに求めているが、テレビ局の報道部ではそれがほとんど守られていないことになる。さらに管理職の割合では白人が82・6％を占め、有色人種の17・4％を圧倒的に上回っている。

このような白人支配の強さは新聞社でも見られる。「全米ニュース編集者協会」（ASNE=American Society of News Editors）によると、日刊紙の記者・編集者のマイノリティ（有色人種）の割合は2015年に12・76％で、それが管理職になるともっと少なく10％となっている。

米国全体で有色人種の人口がどんどん増えているにもかかわらず、テレビ局の報道部や新聞社のニュース編集部は有色人種のスタッフや管理職を積極的に増やそうとしない。これでは白人、黒人、ヒスパニック、アジア系などを含めた地域コミュニティ全体で何が起きているのかについて、多文化主義的な視点から報道するのは難しい。

column4

「アファーマティブ・アクション」の本当の目的

アファーマティブ・アクションは雇用差別を是正するために「公民権法第七編」の補足として、１９６０年代後半に大統領令によって導入された。具体的にはマイノリティや女性を優先的に採用する措置を講ずることだが、その背景には長い間差別されてきた有色人種（とくに黒人）や女性の平等を実現するには差別を禁止するだけではなく、彼らの雇用を積極的に促進する策が必要だとの考えがある。

人種的な採用枠は通常、個々の地域の人種構成などをもとに、たとえば黒人住民が15％を占める地域なら、それと同じ割合の黒人を採用するというものだ。大統領令では、連邦政府（その関連機関も含む）と5万ドル以上の契約をしている企業（団体）に措置を講じることを義務づけているが、それ以外の企業にはその義務はない。しかし、アファーマティブ・アクションを実施した方が社会的にイメージがよくなるということもあり、多くの企業が導入している。

これに対し、白人たちの間では、「アファーマティブ・アクションは有色人種や女性を優遇する措置であり、逆差別ではないか」との反発が強まっている。そして、その不満や怒りが、有色人種への嫌がらせや目に見えない差別をエスカレートさせていることも否定できない。

しかし、逆差別を主張する人のなかには米国社会の現状や歴史をよく理解していない人が少なくないようだ。黒人はアフリカから奴隷として連れてこられ、何百年もの間人権や公民権を与えられなかった。女性も長い間差別されてきた結果、企業や社会のトップは圧倒的に男性（白人）優位の世界である。いまだに不平等が存在することは歴然としており、だからこそそれを改善するためにアファーマティブ・アクションが必要なのではないかと思う。

ハリウッドの映画制作者は白人ばかり

テレビ局の白人支配の強さはドラマ制作にも大きな影響を与えている。単純な疑問としては、米国の人口の4割近くを有色人種が占め、近い将来に5割を超えるという状況にもかかわらず、なぜドラマの主役や準主役級はいつも白人ばかりなのかということだ。

たとえば、病院に勤務する医師を題材としたABCテレビの医療ドラマ「MDs」（2002年放送）は、有色人種が過半数を占める人種多様なサンフランシスコが舞台なのに、主役は白人で、主役を取り巻く重要な脇役にもヒスパニックやアジア系はいない。また、日本でも放送された人気ドラマ「ER（緊急治療室）」（NBCテレビが1994年から2009年まで放送）でも、主役のドクター4人はすべて白人。準主役級で黒人のドクターはいるが、アジア系やヒスパニックのドクターはいない。

2015年にNBCテレビで放送が始まり、現在も放送中の医療ドラマ「シカゴ・メッド」では主役級の韓国系のチョイ医師（感染症専門医）が含まれ、多様性という点では少し良くなった。しかし、これは例外的で、多くのドラマは現実の人種・民族多様な社会を描いていない。なぜそうなってしまうのかといえば、テレビ局の制作チームが白人のプロデューサーや監督、脚本家などによってほぼ独占され、彼らの考えや意向が反映されているからではないかと思われる。

また、テレビ局や新聞社以上に白人支配が強いのは、米国文化の育成に大きな影響力を持つ「映画の都」ハリウッドである。映画会社の幹部はほぼ白人によって独占されているため、彼らが有色人種をテーマにした作品をつくると、どうしてもステレオタイプや偏見

⇧アジア系の多様性を描き続けるオカザキ監督
(© Farallon Films)

に満ちてしまい、文化の多様性や人間性の深さなどがきちんと描かれていないものが少なくない。

たとえば、ハリウッドの大物監督アラン・パーカーが日系人強制収容所をテーマにした作品「Come See the Paradise（邦題：愛と悲しみの旅路）」を作り、ヒットさせた。しかし、アジア系の映画制作者などからは、「基本的に白人男性の目から見て描いたものので、日系人の文化の深さ、心情についての理解が足りない。日系人に脚本を書かせた方がよかったのではないか」との厳しい評価が出た。

ハリウッドで数少ない名の売れたアジア系監督のスティーブン・オカザキ氏は、パーカー監督とは違った視点から強制収容所の映画を作った。日系人の夫と別れたくない一心で、夫とともに4年間の収容所生活を送った白人女性を主人公にした「Days of Waiting（待ちわびる日々）」である。これは1991年度のアカデミー賞最優秀ドキュメンタリー賞を獲得した。

オカザキ監督は他にも、広島と長崎の原爆被害者をテーマにした「Survivors（サバイバーズ）」、強制収容所入りを拒否し、戦時中に受けた有罪判決の取り消しを求める訴えを起こして全面勝訴した3人の日系人を主役にした「Unfinished Business（公式命令9066）」などの秀作を作っている。彼はつねにアジア系の本当の顔や文化の多様性、複雑さをそのままの形で描くことに努めているという。

多文化主義で成功した「ネットフリックス」

このように白人の視点から描いたドラマや映画が圧倒的に多いなかで、人種、民族、文化の多様性をリアルに描く作品を作り、多様化する消費者ニーズにうまく対応して急成長している会社がある。世界190カ国以上に1億5000万人以上とも言われる契約者を持つ動画配信サービス会社「ネットフリックス」である。

ネットフリックスは莫大な製作費を投じて質の高いオリジナル作品を提供することで有名だが、そのビジネス手法を多文化主義の消費者を引きつけるために活用した。つまり、米国内の有色人種の人口増加によって多文化主義の消費市場がどんどん拡大することを想定し、白人文化志向の強いコンテンツから多文化主義的な作品の制作へといち早くシフトしたのである。このビジネス戦略が奏功し、同社は大きな成功を収めている。

人種、民族、文化の多様性に富む作品は、多文化主義的なキャスティング（配役）とストーリー（脚本）、ディレクション（演出）によって作り出される。たとえば、配役と演出では、ドラマの出演俳優だけでなく裏方にも多様な人材を集め、制作チーム全体で多文化主義的な作品を作っていく。

米国に麻薬を供給するコロンビアの麻薬組織と米国人の麻薬捜査官との凄まじい闘いを実話に基づいて描いた作品「ナルコス」（2005年）の制作では、プロデューサーが主人公のパブロ・エスコバルの浮き沈みの激しい、複雑な人生について何年もかけて調査し、それを忠実に再現させたという。エスコバルは、コロンビア最大の麻薬密売組織「メデジン・カルテル」を創設し、「麻薬王」として世界に悪名を轟かせた人物である。こうして制作された「ナルコス」はヒスパニックを中心に多文化主義的な消費者を虜にして大ヒットした。

また、ケビン・スペーシー演じる主人公がホワイトハウスを舞台に大統領への謀略を企てる政治ドラマ「ハウス・オブ・カード」は、ドラマ界のアカデミー賞とされるエミー賞と、ゴールデングローブ賞を受賞した。

マーケット調査会社「シンク・ナウ・リサーチ」によれば、ネットフリックスは多文化主義的な消費者を引きつけ、オリジナル作品の制作を増やすことで華々しい成功を収め、テレビドラマとの競争で優位に立った。また、ハリウッドの大手映画会社による市場支配を、ゆっくりだが着実に揺るがし始めているという。

ネットフリックスの成功はダイバシティ（多様性）や多文化主義を重視したビジネス戦略を展開することは道徳的かつ社会的に重要だというだけでなく、売上向上とビジネスの成功にも役立つことを示している。

「ダイバシティ対策最優秀米国企業2019」

企業やビジネスではダイバシティという言葉は、「人種、民族、文化の多様性」という他に、「人種、民族、文化、性別、価値観などの多様性を受け入れ、多様な人材を活用していこう」という意味としても使われる。

有色人種の人口がどんどん増え、社会が多様化してくると、企業は社内の労働力を多様化し、社外の多様な消費市場に対応できるようにするためのダイバシティ対策を進める必要が出てくる。そうしなければ将来、大きな損失を被ることになりかねないからだ。

米国企業がダイバシティ対策の重要性を言い始めたのは30年くらい前のことだが、最近は「インクルージョン」（包摂、一体性などの意味）という言葉とセットで使われることが多くなった。

インクルージョンとは、企業内のすべての従業員が仕事に参加する機会を持ち、それぞれの経験や能力を認められ、活かされる状態のことを言う。つまり、企業が多様な人材を受け入れて活用するだけでなく、彼らが職場で能力を発揮し、大切にされていると感じられるような環境づくりをしていくことが大切だということである。

米国労働省は企業にダイバシティ対策に積極的に取り組むように促しているが、2017年に「ダイバシティ＆インクルージョン」を推進するための3つの目標を定めた戦略プランを発表した。

1つは米国社会のすべてのセグメント（分野・部門）から選ばれた優秀な人材を確保すること。2つ目は従業員が最大限の能力を発揮し、大切にされていると感じられる職場の文化を育てること。3つ目は経営トップのリーダーシップによって、ダイバシティ＆インクルージョンを戦略的優先事項として制度化することである。

このような状況のなかで、主要経済誌『フォーブス』が2019年1月、「ダイバシティ対策最優秀米国企業2019」を発表した。これはフォーブス誌と市場調査会社「スタティスタ」が共同で、1000人以上の従業員を擁する会社で働いている5万人を対象に、多様性、年齢、性別、雇用平等、障害者、ＬＧＢＴなどを含むダイバシティ対策についてのアンケート調査を実施。その回答を集計して、「トップ５００社」を選んだものである。フォーブス誌は２０１８年にこの調査を始め、今回が2回目となる。

５００社のランキングのなかには先述した「ネットフリックス」が6位に、金融サービス会社「ＶＩＳＡ（ビザ）」が10位に、次項で後述する「スタンフォード大学」が21位に、大手コーヒーチェーン「スターバックス」が44位に、新聞社「ニューヨーク・タイムズ」が50位に入っている。

第1位に選ばれたのは、コロラド州ブルームフィールドに本社を置くメタルパッケージング（金属包装）の会社「ボール社」だが、そのダイバシティ対策のどこが優れているのかを検証してみよう。

ボール社の特徴はジョン・ヘイズＣＥＯが強いリーダーシップを発揮して、「社内のダイバシティとインクルージョンを推進する」と宣言し、自らチームを率いていることだ。現場で対策を進めているのは、ダイバシティ＆インクルージョン担当副社長のチャールズ・ジョンソン氏だが、彼はＣＥＯとの日々のやり取りを公表しているので、すべての従業員がダイバシティの重要性を理解し、対策の進捗状況を把握することができるという。ちなみにジョンソン氏は２０１７年にボール社で働き始めるまでは、独立した経営コンサルタントとして同社のダイバシティ&インクルージョン対策に助言していた人物である。

同社はまた、米国黒人エンジニア協会（ＮＳＢＥ）、アジア系科学者エンジニア協会（ＳＡＳＥ）、ヒスパニック専門エンジニア協会（ＳＨＰＥ）、女性エンジニア協会（ＳＷＥ）など、外部のマイノリティ関連組織と連携しながら、社内の多様な人材が能力を最大限に発揮しやすい職場環境づくりを行っている。

さらに全米各地のオフィスで働く従業員５００人以上を対象に、異なる人種・民族についての理解を深め、偏見や差別をなくすための人種教育トレーニングも実施している。

同社のジョンソン副社長はフォーブス誌に、「我々はいま、社内のダイバシティを実現するために種をまいています。将来、会社として、また地域コミュニティの一員として、その〝果実〟を収穫することができると思います」（２０１９年1月15日）と語っている。

ダイバシティ促進は企業の必須事項

ランキングの44位に入った「スターバックス」はダイバシティに取り組んでいるサプライヤー（供給業者）を支援し、かつ取引高を増やす戦略を展開している。そうすることで個々の供給業者が事業を行う地域社会の発展に寄与できると考えるからだという。それに加え、同社は全米マイノリティ供給業者開発評議会（ＮＭＳＤＣ）や全米女性ビジネス起業評議会（WBENC）など、様々な組織がスポンサーになっている供給業者の地域社会支援プロジェクトをサポートしている。

同社は供給業者のダイバシティ促進を支援する意義をこう説明している。

「それは今日のビジネス環境において賢明なビジネス上の決定であり、必須事項であると考えています。私たちがサービスを提供するコミュニティの価値と経済発展を促進しながら、ビジネスチャンネル（販売経路）に質の高い製品とサービスを提供するのに役立ちます」

一方で、スターバックスは最近、人種差別関連の問題を起こし、批判を受けた。2019年4月、フィラデルフィアにある店舗の店長が、仕事で待ち合わせていた2人の黒人男性を警察に通報した。店長は黒人男性が何も注文せずに「トイレを使わせてくれ」と言ったことで、懸念を募らせたのだ。男性2人は「友人が来るのを待ってから、注文する」と言ったにもかかわらず、友人が来た時には2人はすでに手錠をかけられ、不法侵入で身柄を拘束されていた。

同社のハワード・シュルツ会長はその直後、「拘束されたお2人に深くお詫びします」と謝罪した。しかし、その後も同社に対する人々の怒りはおさまらず、各地にある店舗の前には抗議をする人たちが集まった。

それから約1カ月後の5月末、スターバックスは全米に8000以上ある店舗をすべて一日閉鎖し、18万人以上の従業員を対象に人種差別的な意識や偏見を減らすための教育研修を実施。それと同時にシュルツ会長が、「これは始まりにすぎない。スターバックスはこの研修でやっている内容をすべての業務の基本にします。わが社では毎年10万人の新人を雇用します。これは計画的な研修の一部となり、世界的に展開します」との声明を発表した（PBSニュース、2018年5月29日）。

この人種差別防止の教育研修については、「PRのためにやっているだけではないのか」との懐疑的な見方も一部に出たが、大方好意的に受け止められたようだ。ダイバシティ対策に積極的に取り組んでいるスターバックスが人種差別問題を起こしたのは残念なことだが、企業にとってはその後の対応が重要なのである。

それからランキングの40位に入った「サンプラス・エナジー」（カリフォルニア州サンディエゴ）は、私が1990年代初めに米国企業のダイバシティ対策をテーマに取材した会社の親会社である。

私が取材したのはロサンゼルスにある「サザン・カリフォルニア・ガス」（以下、SCG社）だが、ロサンゼルスはその当時すでに有色人種が人口の過半数を占めていたので、同社は従業員の人種的偏見や差別を減らし、多様性を理解するための教育訓練などに積極的に取り組んでいた。従業員にダイバシティ能力を身につけさせなければ、地域社会の多様な消費者ニーズに対応できず、顧客を失ってしまうかもしれないと考えたからである。

その後、ＳＣＧ社のダイバシティ対策はどうなったのか。同社のホームページをみると、様々なプログラムに取り組んでいることがわかる。ダイバシティ対策を専門に進める「ダイバシティ＆インクルージョン推進室」（ＤＩＤ）を設置し、従業員主導で職場の多様性と包摂を促進する「Ｄ＆Ｉメンタリング」、「Ｄ＆Ｉ大使」を会社に招いて従業員に互いの違いを理解し、尊重できるように訓練するプログラムなどを実施している。その結果、従業員同士のコミュニケーションが活性化し、仕事のモチベーションやパフォーマンスも上がっているという。

このようにネットフリックスやボール社、スターバックス、ＳＣＧ社などダイバシティ対策に積極的に取り組んでいる企業が強調しているのは、ダイバシティの促進はビジネスに必須条件であり、企業のサバイバルに関わる重要な問題だということである。

多文化主義を積極的に推進する大学

ダイバシティやインクルージョンを推進し、多文化主義的な学習環境を提供することは

⇨カリフォルニア大学バークレー校。様々な人種の学生たち（2003年、著者撮影）

大学にとっても重要な課題となってきた。大学でダイバシティの重要性が叫ばれ始めたのは1890年代後半から90年代にかけてだが、きっかけは有色人種の学生数の急増だった。

1965年に有色人種に対する移民制限が撤廃されて以降、アジア系の移民が急増し、経済・教育分野での躍進ぶりがめざましかった。その結果、かつて「白人エリート養成校」と目されていた有名大学にアジア系学生がどんどん入学し、白人学生の数を上回るキャンパスが出てきたのである。

たとえば、カリフォルニア大学バークレー校（以下、UCB）では、1991年度新学期のアジア系の新入生の割合が34・7％となり、白人（30・5％）を上回った。その結果、一部の白人学生が「キャンパスにアジア系が多すぎる」

と騒ぎ出し、人種的緊張が高まった。これを緩和するにはお互いの異なる文化的背景を非難し合うのではなく、理解し認め合うことが必要だが、この課題にいち早く対応したのが、スタンフォード大学（カリフォルニア州パロアルト）だった。

スタンフォード大学では有色人種学生数の急増を受けて、1990年秋に学生や教職員を対象に人種・民族・文化の多様性教育を推進するための「多文化主義推進室」(OMD=Office of Multicultural Development) を新たに設置した。OMDのスタッフは大学の教務部や教授会、学生自治会などと協力しながら、大学内の多文化主義教育の推進に取り組むと同時に、地域のアフリカ系、ヒスパニック、アジア系、女性、障害者支援などの団体との情報交換ネットワークをつくった。地域の多様性は将来の大学キャンパスの多様化のバロメーターになるからである。

OMDはまた、学生同士が人種・民族・文化の多様性について議論するシンポジウム「多文化主義と大学」を企画したりした。

1990年代初め、私の取材に応じたシャロン・パーカーOMD室長は多文化主義を推進する意義についてこう説明した。

「多文化主義は、あらゆるものが協働作用して起こる現象なのです。それは大学の教務、カリキュラム作成、教室の学習環境、寮生活、さらには大学周辺の地域社会の生活などにも関わってきます。大学の目的は何か、大学は学生が知識を吸収するためだけにあればいいのか。私はそうは思いません。大学は社会に奉仕するために、つまり、知識だけでなく知恵にも富んだ将来のリーダーを育成するために存在する、と私は信じています」

つまり、スタンフォード大学は将来の多文化主義社会を想定したリーダーの育成を念頭におき、多文化主義教育の推進に取り組んでいるということである。

ＯＭＤはその後、「ダイバシティ・アクセス・オフィス」（DAO=Diversity Access Office）に変更されたが、その活動はずっと継続されているようだ。ＤＡＯのホームページには、「大学の教室から学生組織、寮生活、８つのコミュニティセンターを含め、キャンパス全体が多様性に満ちています」と書かれている。

スタンフォード大学の在学生は全米50州、世界63カ国からきており、幅広い人種・民族、性別、社会的・経済的背景、性的指向、宗教、文化などを有している。そんな彼らに最良の教育を提供するためには個々の違いを認め合い、お互いに共通点を見出せる多様性と活気に満ちた学習環境が必要なのだという。

米国中西部にあるウィスコンシン大学マジソン校（以下、ＵＷＭ）では、公民権法が制定された直後の１９６０年代半ばから黒人学生を積極的に受け入れ、公民権運動の指導者育成に貢献してきたこともあり、早くから多文化主義教育の推進に取り組んだ。

ＵＷＭは１９８８年秋に「多文化主義センター」（Multicultural Center）を設立し、キャンパスでの人種差別防止対策、人種的多様性を反映した新カリキュラムの推進、マイノリティ学生の入学者と奨学金の拡大、マイノリティ教職員の雇用拡大などを進めた。このなかでもとくに新カリキュラムの推進は大学内の学生や教職員の興味を引いただけでなく、他の大学からも注目されたそうだ。これらの対策によって、当時深刻化していたキャンパス内の人種的緊張やマイノリティ学生の孤立などの問題は改善されていったという。

ＵＷＭはその後も、キャンパス内の「ダイバシティとインクルージョンの共有価値の推進」や「ダイバシティ・リーダーシップの強化」などを目標に掲げて、多文化主義教育を推進している。

すべての人が最大限に能力を発揮できる環境

このように近年は大学でもダイバシティ&インクルージョンという2つの言葉がセットで使われるようになったが、その背景には多様な学生と教職員を受け入れるだけでなく、彼らが最大限に能力を発揮できる環境を提供することが大切だと確認する狙いがあるようだ。

さらに最近は大学同士が多文化主義を推進するための情報交換や議論を行う動きも出

てきた。２０１９年６月、「環太平洋大学協会」（APRU=The Association of Pacific Rim Universities）は国内外の数十の大学の学長・副学長らを招き、大学のダイバシティ＆インクルージョンの推進をテーマに国際会議を開催した。２０１９年７月13日の「大学国際ニュース」（University World News）の報道をもとに、会議で話し合われた内容を一部紹介しよう。

会議ではまず、ダイバシティ＆インクルージョンの重要性と有益性についての議論が行われ、カリフォルニア大学ロサンゼルス校（ＵＣＬＡ）のジェリー・カング副学長がこう述べた。

「インクルージョンは人々が能力を最大限に発揮するのに有益だから行うのです。実際、自分が属している組織への帰属感を感じている人は疎外感を感じている人よりも、より建設的な対話や情報交換、より良い意思決定ができていることを示すデータがあります」

その上でカング氏はこう続けた。

「ダイバシティとインクルージョンは一緒に進めなければなりません。大学は少数派の人たちを包摂しなければ、どんなにすばらしい目標を立ててもそれを達成することはできません。ダイバシティは公平さと包摂を保障しないからです。もしあなたが多くの人を受け入れても、その人たちの多様性を認め、公平に扱わなければ、彼らは出て行ってしまうでしょう。それと同じで、いくら多様な人々を多く集めても、彼らがそこに留まり、活躍するとは限らないのです」

だからこそ、ダイバシティとインクルージョンは一緒に進めなければならないということだ。

続いて、ワシントン大学のアナ・マリ・カウス学長は、ダイバシティ対策を進めるには組織のトップ自らが模範となり、手本を示すことが大切だと強調。自身がヒスパニックでレズビアンの少数派だというカウス氏はこう持論を展開した。

「大学のトップの多様性は人々の心に訴えるものがあります。私は自分のキャリアを通して、〝ダイバシティはダイバシティを引きつける〟ということを見てきました。少数派に属する人たちはつねに多様でオープンな環境を求めています。(中略) 私の研究室には多くのラテン系、アフリカ系、ＬＧＢＴの学生がいますが、彼らはいつも私の行動をよく見ています」

さらに42カ国から学生を受け入れている香港中文大学（CUHK=The Chinese University of Hong Kong）のロッキー・トゥアン副学長は、幅広い学生の多様性に対応することが大切だと述べた。

「もし42カ国からの学生がいたとして、大学としてはすべての学生に個々の出身国と似たような環境を提供することはできません。だから私たち大学の役割としては、すべての学生の民族や文化などの多様性に対応できる〝コモン・エレメント（共通要素）〟を取り入れた環境作りをしていくことが大切なのです。その共通要素はスポーツ、音楽、食べ物など、ごくありふれたもののなかにあります」

このように大学としては有色人種を含む多様な学生や教職員の数を増やすだけでなく、彼らが最高の能力を発揮できると感じられるような環境づくりをしていくことがますます重要になってきたのである。

多民族国家アメリカの「壮大な実験」の行方

第一章でも述べたが、米国はイギリスで宗教迫害を受け、自由を求めてやってきた移民たちが、その後に続いて渡ってきた他の人種、民族の人たちと一緒につくった「移民の国」である。つまり、私から見ると、この国は多人種、多民族が個々の文化・宗教などの違いによる衝突や問題を起こしながらも、それを乗り越えるために様々な「実験」を繰り返してきたように思える。そして、私の今の最大の関心事は、この「壮大な実験」の行方がどうなるかである。

米国では白人が少数派になるとの人口予測が出て以来、有色人種の人口増加を抑えて白人が少数派になるのを阻止しようという勢力（主にトランプ大統領と共和党の支持者）と、多文化主義社会を実現させようという勢力（主に民主党の中道左派、ダイバシティを積極的に推進する企業や大学など）との間で激しい「せめぎ合い」が行われているが、残念ながら現在のところは前者がやや優勢のように思える。

トランプ大統領は有色人種の移民に対する恐怖を煽り、憎しみを拡散し、暴力行為を容認する言動を続け、結果的に移民や有色人種を標的にした憎悪犯罪が激増していることは第三章でも述べた。

考えてみれば、米国はいま非常に危険で、恐ろしい状況にある。それは大統領が再選という自らの政治目的のために国を分断し、憎しみと暴力に満ちた社会へと導こうとしているからだ。さらにもっと怖いのはこのような状況が長く続き、それが常態化してしまうことである。

２０２０年大統領選における民主党の有力候補のバイデン前副大統領が懸念するように、もしトランプ大統領が再選されたら、様々な国から移民を受け入れる米国の制度や基盤は根底から崩れてしまうかもしれない。そうなれば多文化主義社会の実現は難しくなるだろう。

しかし、私個人としてはトランプ政権がいくら厳しい移民政策を進めても、多民族国家の制度が壊されてしまうことはないだろうと思う。なぜなら、「移民がもたらす多様性が米国の強さの源泉である」ということを、トランプ氏以外の指導者の多くはわかっていると思うからである。

加えて、米国の政治にはつねに「揺り戻し」があり、振り子が一方へ極端に振れると、その後、それを逆方向か真ん中（中道）に戻す新しい指導者が出てくる。たとえば、1970年代に「ウォーターゲート事件」（ワシントンDCの民主党本部で起きた盗聴侵入事件に始まった政治スキャンダル）を起こして辞任したニクソン大統領の後には、清廉でクリーンなイメージのカーター大統領が就任し、政治の信頼回復に努めた。これは民主党と共和党の政権交代が時々起こる、米国の二大政党制の利点と言えるかもしれない。

いずれにしても一つはっきりしているのは、有色人種の人口増加によって白人が少数派になるという人口動態の流れはもはや止めようがないだろうということだ。しかも20代前半以下の若年層に限れば、早くも2020年のうちに白人が多数を失うと予測されている。米国有数の政策シンクタンク「ブルッキングス研究所」の人口統計学者、ウィリアム・フレイ博士が2018年の国勢調査をもとに分析した報告書によれば、1997年以降に生まれた「ポスト・ミレニアル世代」に関しては有色人種が多数派になる時期が他の年齢層よりも早いため、2020年のうちにそうなるだろうという。

⇨ベビーブーマー世代の引退で、高齢化率が上昇し始めた米国（著者撮影）

今後は若い年齢層からどんどん有色人種の人口が白人を上回り、多数派になっていくだろう。そのたびに白人たちは不安を募らせ、追いつめられた気持ちになっていくのかもしれないが、実は有色人種の人口増加は米国社会に様々なメリットをもたらすことが期待されている。

まずは高齢化のスピードを遅くしてくれることだ。米国では近年莫大な人口を抱えるベビーブーマー世代（１９４６年〜１９６４年の間に生まれた人たち）が高齢者の仲間入りをしたことで、高齢化率が上昇し始めている。しかし、有色人種（とくに若年層）の人口が増加することで、高齢化率の上昇を抑えることが可能となる。高齢化率の上昇は医療費増大や年金給付額の増加を招き、社会保障制度を圧迫するため、米国政府としては大いに助かる。

また、有色人種の人口増加は労働力を増やし、消費者の購買力を高め、税収を増やして財政基盤を強化するなどのメリットが期待される。

それに加え、若い世代では人種や肌の色を気にしないという人が増えており、多文化主義はこれから社会の主流になっていくだろう。すでに広告業界などではその変化が起きており、以前は白人のモデルが主流だったが、近年は「ブラウン（褐色）」や「ダークブラウン（濃い褐色）」の人にどんどん代わってきている。これは多様化した消費者ニーズに効果的に対応するためであり、先述したように企業はダイバシティに対応しなければ生き残れない時代になってきているのである。

政治の世界でも大きな変化が起こることが予想され、近い将来にヒスパニックかアジア系の合衆国大統領が誕生するかもしれない。２０２０年大統領選挙では民主党から台湾系企業家のアンドリュー・ヤン氏が立候補し、米国民に月１０００ドルを支給する「ユニバーサル・ベーシックインカム」（最低所得保障制度）を提案して思わぬ善戦をした。

前述のフレイ博士は、「米国は多文化主義でもっと繁栄する。この国にとっての〝ベストデイズ〟（最良の日々）はこれからやってくる」と予測している。

こうした状況のなかで、白人たちにも自ら変わることが求められてくる。それは自分たちの価値観や物差し（基準）だけで、他の人種・民族・文化を評価することをやめ、お互いの違いを理解し認め合い、対等に共存していく方法を探ることである。なぜなら、特定の人種、民族、文化が他のそれよりも無条件に優れているということはあり得ないからだ。すべての人種、民族が個々の文化を堂々と主張しながら、平等に社会参加できる多文化主義社会を実現することが、米国のさらなる発展、繁栄につながると私も信じている。

第六章

多文化主義は日本にとっても重要な課題

異質性、多様性を排除する日本社会

多文化主義社会の実現は米国や欧州だけでなく、日本にとっても大きな課題である。とりわけ、「日本の文化は韓国や中国の文化より優れている」などと本気で信じている政治家や知識人が少なくない日本にとって、それは容易なことではない。

日本社会はこれまで異質性、多様性をできるだけ排除することで、まとまりや一体性を生み出し、それを企業の生産性やチームワークなどに役立ててきた側面がある。外国からの移民がもたらす能力やアイデア、エネルギーなどを最大限に利用して、経済や国を発展させてきた米国と大違いである。

日本では外国人のことを「ガイジン（外人）」と呼ぶが、この言葉には「日本人の仲間に入れたくない〝よそ者〟」という意味が含まれているように思える。それが外国人に対する排他的意識や偏見、差別につながっていることは否定できない。日本人の人種差別は一見それほど強くないように思えるが、実は排他的な差別意識は相当根強いものがある。

終戦からサンフランシスコ平和条約による独立までの日本を描いた著作『敗北を抱きしめて：第二次大戦後の日本人』（原題：Embracing Defeat）でピューリッツァー賞（1999年）を受賞し、日本研究の第一人者として知られるマサチューセッツ工科大学名誉教授のジョン・ダワー氏はこう述べている。

「白人のレイシズム（人種差別）は他の人種を公然と貶したり、侮辱したりすることで自らの優越性を誇示しようとするが、一方、日本人のレイシズムは日本人であることを無上の喜びとして褒め称えることで、他の人種を締め出そうとする。日本人の差別主義者が他の人種、民族を蔑称する言葉や口調はそれほどきつくないかもしれないが、彼らは日本人以外の外国人を完全に締め出しているのです」（ワシントン・ポスト紙、1992年1月5日）

ダワー氏の指摘は約30年前に行われたものだが、日本人の外国人への差別や排他性は今もあまり変わっていないように思える。

たとえば、街の飲食店や公衆浴場などで時々見かける「ジャパニーズ・オンリー（日本人のみ＝外国人お断り）」の貼り紙、看板である。

米国出身で日本国籍を取得した大学教員の有道出人《あるどうでびと》氏はホームページなどでの執筆活動を通して、日本における人種主義や差別に反対する運動を行っている。

日本での外国人労働者の人権、搾取と差別をテーマにしたドキュメンタリー映画『サワー・ストロベリーズ：知られざる日本の外国人労働者』（2009年制作）に出演した有道氏は、新宿歌舞伎町で「ジャパニーズ・オンリー」の看板を出している店についてレポートし、こう語っている。

「私たちはいま、外国人が最も集まるところにいます。そんな場所にもかかわらず、ここでは〝日本人のみ〟の看板が見られます。こういう看板はここに限ったことではありません。でも、このような土地柄の場所にこんな看板があるのはまったく皮肉な話です。看板はホテル、温泉、公衆浴場、プールなどにもあります。飲食店やパチンコ屋などにあることもあります。これは日本全国に広がっている問題です。人種差別に関する法律が日本にはないからです。このような看板を立てることは憲法には反しますが、法律違反ではないのです」

お店の側からすれば、「外国人はマナーが悪いので、日本人の客がこなくなる」などの言い分があるようだが、これでは「すべての外国人のマナーが悪い」ということになり、人種差別と受け取られても仕方ないだろう。

「外国人お断り」の入店拒否事件

過去にはこの問題が原因で訴訟に発展したケースもある。有道氏ら外国出身の男性3人が、北海道小樽市内の入浴施設を相手取って訴訟を起こしたのだ。

有道氏らは1999年9月、この入浴施設を訪れたが、「外国人の入場はご遠慮ください」と拒否された。その後も何度か訪れたが拒否され、自分たちの抗議も受け入れられなかったので、その施設と小樽市を裁判に訴えた。

施設側が入浴を拒否した背景には、小樽市はロシア人船員が多く、彼らの一部は日本の入浴マナーを知らないため、石鹸のついたまま湯船に入ったりして、店側は以前から困っていたという事情があった。しかしそれなら、外国人の入浴を拒否する前に、入浴マナーの悪いロシア人にきちんと説明するとか（日本語がわからなければロシア語で）、ロシア語の入浴説明書などを用意すべきではなかったか。そのような努力を十分しないまま、外国人を拒否するというのは、やはり人種差別であろう。

2002年11月、札幌地裁は原告側の訴えを認め、入浴施設側に計300万円の損害賠償の支払いを命じる判決を言い渡した。この判決が下された背景には、1995年に日本も批准した国連の「人種差別撤廃条約」があったようだ。この条約は差別を禁止、終わらせるために適当な措置を講じることを締結国に義務づけているのである。

「日本人のみ」を理由に入店を断り、訴えられた店は他にもいくつか報告されているが、実際は訴訟になっていなくても同じ理由で外国人を拒否した店は少なくないのではないかと思われる。

大阪の羽衣国際大学現代社会学部で教授を務めるにしゃんた氏（スリランカ出身）は、自身のブログやメディアで日本の社会的・文化的問題などについていろいろ発言している。

にしゃんた氏は2014年3月19日の「ヤフー・ニュース」に発表した「ジャパニーズ・オンリー！（Japanese Only!）繰り返さないために」と題する記事のなかで、「外国人お断り」関連で訴訟になった事例を3件紹介した後（小樽市のケースを含め）、こう書いている。

「いくら理不尽があっても裁判を起こすのはたいへんなエネルギーが必要とされるため、実際に法の場に持ち込まれていることこそ少ないが、日本の社会で常にどこかで、『Japanese Only』が突きつけられている。もちろん私も例外ではない。

私が日本で相手に『Japanese Only』と言われ、拒否された回数は軽く三桁にのぼる。数年ほど前にも経験した。大学の先輩と入った店での出来事である。席に通され、出されたおしぼりで手を拭いている最中に、店の奥から来られた店主に『新人の子が解らず入店させたが、実は店は"Japanese Only!"だ』と言われ、退店させられ、精神的に深く傷ついたが、裁判を起こすほどのパワーもなく、結局は堪えた」

1980年代後半に来日して以来、30年以上日本に住み、日本国籍を持ち、日本語も日本人に負けないくらい流暢に話す（テレビ番組でコメンテーターとして話すのを見た限りでは）にしゃんた氏が、外国人であることを理由に100回以上も入店を拒否されたというのは驚きである。

日本人が外国人を排除しようとする場合、（1）日本人に見えない、（2）日本国籍を持たない、(3) 日本語をうまく話さないなどの理由があげられるが、逆に言えば、これらすべてをクリアしないと日本社会では受け入れられないのかもしれない。

にしゃんた氏はさらに記事のなかで、「日本には、『Japanese Only』を掲げる言動は問題であるという認識は社会全体として浸透しておらず、共有できていない。(中略) 外国人の個人又は、全般に向けて今後とも『Japanese Only』を用いられることは十分あり得る。起こり得る背景を支えている最大の原因は、この国の法整備の至らなさにある」と指摘した上で、外国人に対する人種差別をなくすための国内法を整備すべきだと提言している。

考えてみれば、前述したように日本は1995年に国連の「人種差別撤廃条約」を批准したが、これに伴う国内法は未だに整備されていない。訪日外国人の数は2019年に3188万人に達したが、これだけ多くの外国人が日本を訪れているなかで、外国人への人種差別をなくすための一刻も早い政府の対応が求められているのである。

外国人に家を貸したがらない

「外国人お断り」の入店拒否の他によく指摘されているのが、家を探す際に外国人であることを理由に断られるケースである。

2017年3月、法務省は日本国内に住む外国人を対象に差別の実態を調査した結果を発表した。3カ月以上の在留資格を持つ1万8500人（18歳以上）を対象に実施し、4252人（23％）が回答したが、その41％にあたる2044人が「過去に家を探した際に外国人であることを理由に入居を断られた」と答えたという（朝日新聞、2017年3月31日）。

入居を拒否された回答者のうち、「どこかに相談したことがある」という人は約1割にとどまったことから、法務省は「相談窓口を気軽に利用してもらえるように周知方法を検討する」としたという。

さらにこの調査では、外国人に対する差別が就職や職場にも及んでいることがわかった。過去5年間に仕事を探したり、働いたりした2788人のうち、697人（25％）が「外国人を理由に就職を断られた」と答えた。また、546人（20％）が「同じ仕事をしているのに賃金が日本人より低かった」とし、478人（17％）が「外国人を理由に昇進できない不利益を受けた」とした（同・朝日新聞）。

このように日本人による外国人に対する差別は様々な形で行われているが、とくに近年は外国人の「技能実習生」に対する差別・人権問題が深刻化している。

外国人労働者への差別・人権問題

日本は65歳以上の人口の割合がすでに28％を超え、世界一の超高齢社会となり、外国人労働者を受け入れなければやっていけない時代になってきた。しかし、政府としては外国人を移民として受け入れることに抵抗があるのか、実習生・研修生として受け入れる「技能実習制度」を１９９３年に導入した。この制度は本来、開発途上国の労働者を最長５年間受け入れて技能や知識を学んでもらい、本国の経済発展に活かしてもらうという国際貢献を目的として作られたが、実際は企業や農家などの労働力不足を補うため利用されているため、実習先でのトラブルが続出している。

技能実習は農業、漁業、建設、食品製造、機械金属の５つの業種に限られ、実習先を途中で変更することはできない。実習生の数は２０１８年末に32万８３６０人に達し、大半はベトナム、中国、フィリピン、インドネシアなどアジアから来た20代から30代の若者である。

実習先でのトラブルとしてとくに多いのは、低賃金、残業代未払い、長時間労働、暴行、セクハラ・パワハラなどである。具体的には、１日8時間週40時間の原則を守らず、実習生に時間外労働を強制して割増賃金を払わない、タイムカード（出勤簿）を改ざんするなどに加え、実習生に対する暴行、セクハラ、旅券取り上げなど人権侵害のケースも報告されている。

厚生労働省によると、2017年に全国の労働基準監督機関が技能実習生の受け入れ先に行った監督指導において、5966事業者のうち4266事業者(70・8%)で労働基準法令違反が認められた。主な違反事項としては、(1)労働時間、(2)使用する機械に対して講ずべき安全基準などの措置、(3)割増賃金の支払い、の順に多かったという。

このような劣悪な労働環境に置かれても、実習生たちは実習先を変えることはできないため、我慢に我慢を重ねたあげくに失踪するケースも増えている。法務省の調査では、2017年に失踪した技能実習生は7089人にのぼった。しかし、失踪したからといって彼らの生活が良くなるわけではなく、多くの場合もっとひどくなる。失踪した実習生に仕事を斡旋する闇の業者やサイトが存在するが、そういうところに頼ると、より過酷で危険な仕事を紹介されることが少なくないからだ。

2019年7月12日の朝日新聞は「技能実習生:低賃金と借金 追いつめられた先」と題し、夢を抱いて日本に来たはずの人が失意のまま母国へ帰国したケースを報告している。

ベトナム人の元技能実習生グエン・ドゥック・フーさん(34)。脳梗塞で倒れ、半身不随になった。

3年前に来日した。実習先は建設現場で足場を組む仕事だった。1日14時間働いて月給は約6万4千円。「月給14万円」という来日前の説明とは異なった。

「来日のために抱えた借金150万円が返せない」。3カ月で逃げ出した。その後は、岐阜で清掃、愛知で農業、滋賀で荷物の梱包などの仕事に就いた。

倒れた時は失踪中だったため、医療保険はなかった。2度の手術を受け、治療費は約880万円。友人らの寄付で48万円を払ったが、残金は払えなかった。

東京入管に出頭し、母国に送還された。

「僕を犯罪者のように扱うが、劣悪な環境で仕事をさせた日本が悪い。言われていた給料をもらっていれば失踪しなかった」。そう言って悔しがった。

140人のベトナム人が日本で死亡

フーさんのように仕事中に倒れ、半身不随となって帰国する実習生がいる一方で、仕事中のケガや病気で亡くなったり、自殺したりする人も少なくない。

浄土宗の寺院「日新窟」（東京都港区）では、日本で亡くなったベトナム人の実習生や留学生の名前を位牌に刻み、ベトナム人僧侶が祈願して供養しているが、その数は2014年頃から5年間で140人に達するという。ちなみにベトナムは技能実習生の最大の送り出し国である。

日新窟では先代の住職がベトナム人留学生との交流を深め、同国とつながりを持っていたことがきっかけで、日本で厳しい環境に置かれたベトナム人をサポートするようになったという。

日新窟の吉水慈豊《よしみずじほ》・寺務長はユーチューブチャンネル「アジアン・ボス」の取材に対し、日本で亡くなったベトナム人の供養を始めた動機について、「21歳とか23歳の若い人たちが立て続けに亡くなっているということを世の中に発信していかないと、大問題につながっていくのではないかと思い、私たちは始めました」と語った。

日新窟には多くのベトナム人実習生が助けや心の拠り所を求めて集まってくるが、そのなかの一人ソン・フィ・ロングさんは、アジアン・ボスの記者にこう話した。

「日本の仕事のやり方と日本語を学びたくて、日本人はいい人だと思い、日本で働くことを決めました。でも、実際にきて働いてみて、全部違いました。いい会社もありますが、ほとんど悪い会社ですね……」

ソンさんはベトナム人の友人と一緒に仙台にある会社で、時給746円（当時の最低賃金は798円）で働いた。朝8時半に出勤して夜中の12時まで、月24日間働いたが、出勤簿を改ざんされ、朝8時半から夕方5時まで月17日間（時には11日間）しか働いていないことにされてしまった。その結果、ソンさんの給料は8万円に減らされてしまい、日本へ来る時にした借金の返済がなかなか進まず、まだ40万円も残っているという。

彼はすぐにベトナムへ帰国するというが、ベトナムの平均年収は30万円くらいなので、本国で働いて借金を返済するのは大変なことだ。だから実習生たちは皆、どんな劣悪な労働環境でも日本で歯をくいしばって働き、借金を返そうとするのである。

ソンさんは低賃金や出勤簿の改ざんの他に、傷害や暴言の被害も受けた。日本人の同僚からたばこの吸い殻を顔に投げつけられ、怖くなって地元の交番に相談したが、応対した警官は会社に電話を入れただけで済ませ、結局、何の対策も取られなかったという。さらに職場ではいつも、「この野郎」「バカ」「アホ」「死ね」などと言われ、「自分たち（ベトナム人）は人間ではなく、動物みたいに扱われていると感じた」と話した。

それにしても日本企業の従業員や管理職はなぜ、同じ職場で働く外国人に対してこれほどひどい扱いをするのか。彼らがまともな人権感覚を持っているとはとても思えない。

このように技能実習制度に対する問題が噴出するなか、政府は2019年4月から、働く会社（事業者）を変更できる新たな制度「特定技能1号・2号」を導入した。

特定技能で働ける分野は建設、造船・船用工業、介護、ビルクリーニング、農業、漁業、飲食料品製造業、外食業、自動車整備業、航空業など14業種に拡大された。在留期間は1号が最長5年、2号は無期限で家族の帯同や永住権の取得も可能となる。但し、2号の在留資格が与えられるのは建設と造船・船用工業の2業種に限られているので、その数は限定的だ。

特定技能の資格を得るには、日本語能力（日常生活レベルの読み書きと会話ができる程度）と、各業種の特定技能の中級程度の専門知識が求められ、評価試験を受けなければならない。

特定技能の資格保持は技能実習生からの移行が可能で、日本での滞在期間を延ばすこともできるようになるため、関心を持つ企業や事業主は少なくないようだ。しかし、制度だけを変えても、日本の政府や企業の関係者が外国人労働者を単なる「働く機械」ではなく、人間、つまり社会の一員として受け入れる意識と覚悟を持たなければ、外国人に対する差別・人権問題が改善されることはないだろう。

外国人を人間として扱わずに安くこき使うだけなら、日本のやり方は「現代の奴隷制度」と言われても仕方ないのではないか。

特定の民族を攻撃する「ヘイトスピーチ」

日本社会は外国人労働者に対してだけでなく、日本で生まれ育った外国人（特別永住者を含む）に対しても排他的、かつ差別的である。標的にされているのは在日コリアン（韓国人・朝鮮人）だが、彼らはヘイト団体から「日本から出て行け！」「朝鮮人は帰れ！」などの罵声を浴びせられている。

特定の人種・民族を攻撃し、憎しみを煽るような言動を「ヘイトスピーチ」と言うが、先述したように米国ではこれは「ヘイトクライム規制法」によって禁止され、違反した場合は厳しく罰せられる。同様に欧州連合（ＥＵ）も人種的憎悪を扇動する行為を処罰する対策を取っている。さらに国連で１９６５年に採択された人種差別撤廃条約は、加盟国にヘイトスピーチを禁止するように求めている。

ところが人種差別や人権問題に鈍感な日本政府は長い間、ヘイトスピーチを取り締まる対策を取らなかった。そのため、２０１４年に国連の人種差別撤廃委員会から日本の人権状況と政府の取り組みに関する報告を受けた際、ヘイトスピーチ対策を講じるようにとの勧告を受けた。

そこで日本政府はようやく重い腰をあげ、２０１６年に「ヘイトスピーチ対策法」を施行した。しかし、罰則のない理念法としたため、その効果は疑問視され、同委員会から再

⇧韓国系の店が多い新大久保の街（東京都新宿区）。ヘイトスピーチの影響で一時閉店が相次いだが、最近は活気を取り戻し、若者が集まっている。
（2020 年 3 月、本田恒平撮影）

度、「集会、デモでのヘイトスピーチや暴力を煽る発言を禁止する効果的な対策を取るように」と求められた。

これに対し、日本政府は「表現の自由を保障する憲法の規定に抵触しかねない」として、罰則付きの法制定に向けて動こうとしていない。しかし、第三章でも述べたように、表現の自由とヘイトスピーチは別の問題であり、分けて考えるべきではないかと思う。ヘイト団体が街宣車や拡声器などを使って在日コリアンなど特定の民族グループを脅し、暴力を煽るような言動が表現の自由として認められるとは思えないからである。

日本政府が罰則付きのヘイトスピーチ対策法を施行しようとしないなかで、深刻なヘイト問題を抱える自治体が独自に動いた。神奈川県川崎市が2019年12月、刑事罰で対処する「差別のない人権尊重のまちづくり条例」を可決したのである（2020年7月から施行）。

この条例は外国にルーツを持つ市民らに対して公共の場所で拡声器を使ったり、プラカードを掲げたりするなどの差別的行為を繰り返した場合、最高50万円の罰金を科すというものだ。市からヘイト行為をやめさせるように「勧告」「命令」を受けてもやめない場合、刑事告発され、裁判で有罪になると罰金が科せられることになる。

川崎市が全国で初めて罰則付きのヘイトスピーチ対策条例を制定した背景には、在日コリアン住民を多く抱え、ヘイト団体から「最大の標的」として激しい攻撃を受けてきたことがある。

2019年7月31日の朝日新聞によれば、川崎市で在日コリアンが多く暮らす地域「桜本」を標的にして、ヘイト団体が民族浄化を連想させる「川崎発日本浄化デモ」と題するヘイトスピーチを行ったことがあったという。この時は、それに対する抗議のため市内外から約300人が集まり、在日一世の女性も老骨にむちを打って街頭に立ったそうだ。

桜本で約40年にわたって在日住民の声に耳を傾け、支援してきたという社会福祉法人・青丘社の三浦知人事務局長はこう語っている。

「彼ら、彼女らは長い間、額に汗して働き、現在の川崎の土台を築いてきた人たちです。

それにもかかわらず、『同じ市民なのに、なぜ自分たちだけ差別という攻撃から守られずにいるのか』『自分が在日コリアンとして生まれたばかりに、子や孫まで苦しい思いをしなければいけないのか』という思いを募らせてきました。そうした被害実態を軽く見てほしくありません」（同・朝日新聞）。

日本社会での差別に長い間苦しめられてきた在日コリアンの「なんとかしてほしい」という思いと、彼らを支援する人たちの粘り強い活動が川崎市の条例制定につながったのではないかと思われる。

この後、同じ神奈川県内の相模原市でも罰則付きのヘイトスピーチ対策条例制定に向けた動きが始まったが、これが全国に広がっていくのかどうか注目される。

在日コリアンと韓国系米国人の違い

それにしてもヘイト団体のメンバーたちはなぜ、在日コリアンを標的にして激しく攻撃するのか。一部の団体は、在日コリアンは税金の免税措置を受けているとか、日本国籍者より生活保護を簡単に受給できるなどの「在日特権」が存在すると主張している。これらのなかには実際に存在するものもあるが、多くは事実を捻じ曲げたり、数字を大げさにしたり、でっち上げたりしたものだ。

たとえば、大阪市の在日コリアン関連施設はかつて税金を減免されていたが、２０１２年に大阪市はこれを見直し撤廃したことがわかっている。それから生活保護の受給に関しては、生活保護を受給している世帯の97・２％は日本国籍の世帯で、２・８％が外国人の世帯だが（２０１５年の統計）、在日コリアン世帯が日本国籍者や他の外国人世帯よりも受給しやすいという事実はない。

日本には約49万９０００人の在日コリアンがいるが（２０１８年12月現在）、多くは日本で生まれ育ち、働いて税金を払っている。にもかかわらず、日本人と同等の法的権利（選挙権を含め）を与えられていない。これでどうして、在日コリアンは「特権」を与えられているなどと言えるのか。

日本政府は、「日本人と同等の権利が欲しければ国籍を取得すればよい」と言うかもしれない。しかし、日本国籍を取得することで、日本への同化が強まり、民族的アイデンティティが希薄になっていくということが指摘されている。実際、それが嫌で国籍を取りたくないという在日コリアンは少なくないようだ。

一方、米国に住むコリアンは自分の名前、文化、民族的アイデンティティなどをそのまま維持しながら、永住権（グリーンカード）や市民権（国籍）を取得し、コリアン・アメリカン（韓国系米国人）として生きている。彼らは韓国系という民族的アイデンティティを維持しながら、米国人と同等の法的及び社会的権利を与えられているのである。

私は数十年前、東京都内にある米国大学日本校で教えていたが、クラスのなかに在日コリアンの学生が数人いた。その当時、彼らは日本の大学を自由に受験することができなかったばかりか、それ以前に通った朝鮮高校は各種学校扱いだったので、通学定期の学割もきかなかったそうだ。彼らの親は日本で働いて税金を納めていたにもかかわらず、彼らは日本人と等しく教育を受ける権利を与えられていなかったのである。最近は一部の大学で朝鮮学校の卒業生に受験資格を与えるようになったが、全体から見ればまだまだ少ない。

このようなひどい差別が長い間、しかも堂々と行われている国は先進国では珍しいのではないかと思うが、この状況は現在もほとんど改善されていない。いや、それどころか、ヘイト団体による攻撃が激しくなったことで、在日コリアンは以前よりも苦しい状況に追い込まれているのではないか。

ヘイト団体が在日コリアンに対し、「日本から出て行け!」「死ね」「殺すぞ」などと罵声を浴びせている状況は、米国の白人至上主義団体が移民や有色人種を攻撃している状況とよく似ているように思う。

日本政府はこの事態を深刻に受け止めて、表現の自由を言い訳にして責任を放棄するのではなく、ヘイトスピーチを人種差別犯罪として厳しく罰する法律を一刻も早く制定すべきである。現行のヘイトスピーチ対策法は、ヘイトスピーチを禁止したり、罰則を定めたりしていないため、実際にヘイトスピーチを取り締まるには刑法の侮辱罪や名誉毀損罪を適用するしかない、という状況なのである。

超高齢社会の日本には移民が必要だ

総務省の統計によると、2019年1月1日現在の日本の人口は約1億2477万人で、10年連続で減少し、減少数も約43万人で過去最多となった。一方、在留外国人の人口はすべての都道府県で増えて、266万人余りとなり、総人口に占める割合で初めて2%を超えた。

日本政府はこれまで頑なに「移民政策はとらない」と主張してきたが、すでにこれだけ多くの外国人が日本に住んでいるのである。政府としてもそろそろ覚悟を決め、外国人労働者をごまかしながら受け入れるのではなく、移民として受け入れ、外国人との共存の道をめざすべきではないだろうか。それが高齢者の医療・介護費増大によって社会保障財政が圧迫された状況を少しでも改善することにつながる、と私は思う。

先述したように日本の高齢化率（65歳以上の人口の割合）はすでに28%を超え、4人に1人以上が高齢者という世界のどの国も経験したことのない超高齢社会を迎えている。しかも今後、少子高齢化の進行によって日本の人口は減り続け、厚生労働省の「将来推測人口調査」によれば、2065年には現在より約3900万人減少し、高齢化率は38・4%になると予測されている。

このような危機的状況を改善してくれると期待されるのが、外国からの移民である。移民を受け入れた場合のメリットとして考えられるのはまず、日本の人口減少の速度と高齢化のペースを遅くしてくれる可能性があること（移民の多くは年齢層が若いため）。米国ではヒスパニックやアジア系の人口増加によって、高齢化のスピードが遅くなるとの予測が出ていることは既に述べたが、日本でも同じことが起こる可能性はある。

2つ目のメリットとしては、移民が日本で働いて税金を納めれば政府の税収が増えるし、健康保険や年金の保険料を払えば社会保障の財源が増えることにもなる。

さらに3つ目は、移民がもたらす新しいアイデアやパワーなどによる経済効果だ。日本経済は「失われた20年」と言われて久しいが、1990年代に起きた不良債権問題や2000年代の金融危機などによる経済の低迷からいまだに抜け出せていない。その大きな理由は企業の競争力低下だが、突きつめれば技術革新の停滞が関係しているのではないかと思われる。日本ではこの数十年、かつてのソニーや任天堂のような新しい技術革新によって成功をおさめた企業がほとんど出ていない。

一方、米国では新しいアイデアを持つ移民がどんどんやってきて、会社を起業し、成功させている。

とくにＩＴ業界には移民が多く、「ピュー・リサーチ・センター」の調査（２０１４年５月30日）によれば、米国のＩＴ業界主要25社の創業者の約６割は外国からの移民か移民２世だという。たとえば、「グーグル」のセルゲイ・ブリン氏はロシア系移民、マーク・ザッカーバーグ氏らと共に「フェイスブック」を創業したエドゥアルド・サベリン氏はブラジル系移民、「イーベイ」のピエール・オミダイア氏はフランス系移民である。

ある金融専門家はこの状況について、「彼らのような移民がいなかったら、米国のＩＴ業界はまったく違ったものになっていただろう」と話している。

移民のなかにはもともとリスクを負うことを恐れず（だから他の国にやってくる）、起業家精神の旺盛な人が少なくないが、彼らのアイデアや発想が新しい国の文化や生活スタイルなどとミックスされることで、新しいビジネスの可能性が生まれることもあるという。

少し古い事例だが、１８６０年代にドイツから米国にやってきた移民、チャールズ・フェルトマンがドイツの人気食品フランクフルトからヒントを得て、パンにソーセージを挟んでホットドッグを作り、ニューヨークの路上で販売したところ、大ヒットしたという話は有名だ。

日本は移民を受け入れない限り、彼らのアイデアや発想、パワーを経済の活性化に活かすことはできないのである。

「外国人が増えると治安が悪化」は嘘

日本の移民反対派はよく、「外国人が増えると、犯罪が増えて治安が悪化する」と主張するが、これにはまったく根拠がない。

たとえば、警察庁の刑事局組織犯罪対策部が発表している「来日外国人犯罪の検挙状況」（2016年3月）によれば、来日外国人による犯罪状況を示す刑事犯と特別法犯を合わせた検挙件数は、2005年に4万7865件とピークを記録したが、その後はほぼ横ばいか減少を続け、2010年には1万9809件と半数以下となり、さらに2015年には1万4269件まで減った。ちなみに刑法犯には殺人や強盗、暴行、傷害、窃盗、詐欺などが、特別法犯には道路交通法違反、出入国管理法違反などが含まれる。

このように来日外国人の検挙件数が10年間で3分の1以下に減少した一方で、在留外国人の数は2005年の190万6689人から2015年には223万2189人に増えている（法務省出入国管理統計より）。つまり、これらのデータを見る限り、「外国人が増えると、犯罪が増えて日本の安全が脅かされる」という主張は成り立たない。

しかも窃盗や強盗などで検挙された外国人のなかには、低賃金や未払賃金などで生活が困窮した技能実習生が追いつめられたあげく、犯罪を犯したケースも含まれているかもしれない。それはつまり、外国人労働者を受け入れている日本の企業が彼らを人として扱い、労働法に沿って適正な賃金を払っていれば、防げたかもしれないということだ。

日本が移民を受け入れるためには、日本人一人ひとりが「単一民族国家」という幻想に惑わされることなく、移民受け入れのメリットをきちんと認識することが大切ではないかと思う。

そのためにはリーダーの意識と見識が重要になってくるが、残念ながら日本のリーダーは過去において人種差別的発言を繰り返し、国内だけでなく海外でも厳しい批判を受けてきた。

「単一民族幻想」からの脱却

１９８６年９月に中曾根康弘首相（当時）が、「アメリカは多民族国家だから教育が容易ではなく、黒人、プエルトリコ、メキシカンなどの知的水準がまだ高くない。日本は単一民族国家だから教育が行き届いている」という趣旨の発言をし、米国のマイノリティ団体や日本のアイヌ系団体から厳しい批判と抗議を受けた。

また、1990年には梶山清六法務大臣（同）が東京・新宿区内の繁華街で外国人の不法就労者の摘発に同行した際の会見で、「悪貨が良貨を駆逐するというか、アメリカに黒が入って白が追い出されたように、新宿が人種の混住地になっている」と、米国の黒人を侮辱する趣旨の発言をした。これに対し、黒人の議員連盟や公民権団体などが非難声明を出し、全米の黒人に日本製品への不買を呼びかけたりした。

当時、私は米国で取材していたが、公民権団体の黒人幹部は怒りと悲しみに満ちた口調でこう話した。

「経済大国として世界のトップリーダーとなった日本を代表する政治家がなぜ、米国社会できちんとした生活をし、相当な社会的地位も確立しているアフリカ系米国人を意図的に侮辱するのか理解できない。彼らはまるで、米国で過去・現在を含めて存在する最も悪質な人種差別主義者の言葉をオウム返しにしているようだ」

つまり、本書で繰り返し述べてきた米国の白人至上主義者や人種差別主義者の言動を日本の政治家が真似しているのではないか、というのである。

その上でこの幹部は、「日本のリーダーは〝黒人は米国社会のお荷物だ〟と考えているのかもしれないが、米国の人種問題について何もわかっていない。米国では黒人が他の有色人種と力を合わせて長い間人種差別と闘い、公民権・平等権を獲得したからこそ、日本企業は（有色人種の国から）米国へ進出し、ビジネスができるようになったのである。米国の黒人は日本のリーダーから感謝こそされ、侮辱される理由はないのです」と続けた。

中曾根元首相の発言から30年以上経た現在も、悲しいかな、自民党の有力議員の差別意識はほとんど変わっていないようだ。

２０２０年1月13日、麻生太郎副首相兼財務相は国政報告会で、「２０００年の長きにわたり、一つの言葉で、一つの民族、一つの天皇という王朝が続いている国はここしかない。よい国だ」と述べた。この発言は、アイヌ民族を「先住民族」と明記した「アイヌ施策推進法」の内容とも矛盾するものだ。

「単一民族幻想」に囚われた政治家たちが政権を握っている限り、日本が移民政策の方針転換をすることはないだろう。それならば、政権交代を実現するか、あるいは自民党のなかで人種、民族、文化の多様性を認める新しいタイプの政治家が出てくるのを期待するしかない。

超高齢社会を迎えて社会保障財政が危機的状況にあるなかで、日本の政治家と国民はいま、移民を受け入れるべきかどうかの重要な決断を迫られている。移民を受け入れるということは、外国人を安く使って、何年か働いたら帰国してもらうという既存の制度を続けるのではなく、彼らを人間として受け入れ、日本で働いて家族を持ち、社会の一員として生活してもらうということである。

おわりに

２０２０年1月20日は米国で最も有名な公民権運動の指導者、マーチン・ルーサー・キング牧師の記念日だった。今年は大統領選挙の年ということで、黒人の多い南部サウスカロライナ州で行われた記念式典には、バイデン前副大統領、サンダース上院議員、ブティジェッジ前サウスベンド市長など民主党の有力候補が参加し、黒人有権者たちに支持を訴えた。とくに黒人初の大統領となったオバマ氏のもとで副大統領を務めたバイデン氏は、「市民の権利の擁護に取り組んできた」などと実績をアピールした。

一方、トランプ大統領はツイッターにキング牧師の偉業を称えるメッセージとともに、トランプ氏自身とキング牧師の映像を並べた動画を投稿した。移民や有色人種を激しく攻撃し、人種差別的な言動を繰り返しているトランプ大統領がキング牧師の功績をどこまで評価しているのか疑問だが、再選のために黒人の票が必要だということはよく理解しているようだ。前回の２０１６年大統領選では黒人有権者の８割以上が民主党のヒラリー・クリントン候補に投票したことがわかっている。今回も接戦が予想されているだけに、黒人票の行方がトランプ大統領の再選を左右すると言っても過言ではない。

第五章でも述べたが、トランプ大統領が再選されたら、多文化主義社会の実現は当面遠のくかもしれないが、その可能性がなくなるわけではない。なぜなら、キング牧師が唱えた理念や夢は白人を含めた多くの米国人の心の中に今でも生き続けているように思えるからである。

1963年8月28日、「ワシントン大行進」と呼ばれた人種差別撤廃を求める大規模な集会で、キング牧師は25万人を超える人々を前にあの有名な演説をした。

「私には夢がある。いつの日か、ジョージアの赤土の丘の上で、かつての奴隷の子孫と主人の子孫が兄弟として同じテーブルにつくという夢である。（中略）私には夢がある。いつの日か、私の幼い4人の子どもが肌の色ではなく、人格そのものによって評価される国に住むという夢である……」

さらにキング牧師はこの演説のなかで、黒人と白人の融和と連帯の重要性を強く訴えた。

「信じがたい新たな闘志が黒人社会全体を包み込んでいるが、それがすべての白人に対する不信につながることがあってはならない。なぜなら、我々の白人の兄弟の多くは、今日彼らがここにいることからも証明されるように、彼らの運命が我々の運命と結びついていることを認識するようになったからである。また、彼らの自由が我々の自由と分かち難く結びついていることを認識するようになったからである。我々はたった一人で歩くことはできない」と。

　当時は黒人差別だけでなく、白人社会の中でも性別や宗教などを理由とした差別が深刻化していたため、キング牧師は白人と黒人が連帯してこの問題に立ち向かうことの大切さを説いたのである。

　だからこそワシントン大行進には全米から黒人だけでなく、多くの白人も駆けつけた。この集会に参加したという70代半ばの白人男性（ピーターさん）に私は取材したことがある。当時22歳の大学生だったという彼は、「心が震えるような経験をした。あの大行進に参加したことは私の社会意識を形成するうえで、大いに役立ちました」と語った。

　ピーターさんはその後、新聞記者となり、人種差別や貧困格差など社会的不正義に関するテーマをずっと追い続けてきたという。私が取材した時、彼はすでにリタイアしていたが、「自分の過去の経験を次の世代に伝えていくのは大切な役割だと思うので、大行進のことについて子どもや孫たちによく話している。彼らに正義を信じて行動することの大切さを伝えたいから」と話した。

　白人からも広く支持されたキング牧師の公民権運動は、奴隷制度が始まった１６００年代から数百年続いた米国の黒人差別を撤廃する法律の制定につながった。ワシントン大行進の後、ケネディ大統領は職場や学校、公共施設での人種、性別、宗教、肌の色、出身国などに基づくあらゆる差別を禁止するという、画期的な公民権法案を議会に提出した。歴史的な大変革まであと一歩というところで、ケネディ大統領は１９６３年11月22日、テキサス州ダラスで遊説中に暗殺されてしまった。しかし、後を継いだジョンソン大統領は南部出身の上院議員の強い反対を乗り越えて、１９６４年７月、公民権法を成立させたのである。

これによって米国は白人と黒人が同じテーブルにつき、黒人の子どもが肌の色ではなく人格によって評価されることが可能な社会となり（少なくとも法的には）、キング牧師の夢の一部は実現された。しかし、前にも述べたように職場などでの差別が巧妙化したために、白人と有色人種の真の平等はまだ実現されていない。

だからこそ、すべての人種、民族が平等に共存する多文化主義社会の実現が重要となってくるのだが、これもかつての人種差別撤廃の闘いと同じように、白人と有色人種の連帯がカギとなるだろう。しかし、私は多文化主義を支持している白人が大勢いることを知っているので、悲観的に考えてはいない。

本書ではトランプ大統領を支持する人種差別的な白人を多く取り上げたが、一方で人種差別と闘い、多文化主義を支持している白人はたくさんいる。両者の割合としては半々に近いが、トランプ大統領の支持率が大体40％台前半にとどまっていることを考えれば、厳密には後者の人たちの方が多いのではないかと思われる。私には長く交流を続けているユダヤ系やドイツ系、アイルランド系の白人の友人がいるが、彼らは皆、多文化主義を支持している。

いずれにしても、ピーターさんやその家族のような米国人がいる限り、米国の多文化主義社会に向けた取り組みはずっと続けられていくのではないかと思う。

最後に、いま世界中で猛威をふるっている新型コロナウイルスについて少し述べたいと思う。本稿を書き終えた4月4日の時点で、米国の感染者は27万人を超え（死者7000人以上）、世界最大の感染国になっているが、これにはいくつかの要因が考えられる。

まず第1にトランプ大統領が当初ウイルスの脅威を過小評価したため、対策が遅れてしまったことだ。中国の武漢で感染が拡大していた1月に新型コロナウイルスに警鐘を鳴らす報告書があがっていたが、トランプ氏はそれを軽視し、「暖かくなる4月には消えてなくなると思う」などと、会見で述べていたのだ。

2つ目は検査の遅れである。米疾病管理予防センター（CDC）は2月初め、独自に開発した検査キットを全米50州に配布したが、試薬が不良品だったため、多くの州で検査できない状態が続いた。その結果、感染者が十分に把握できず、感染経路の追跡や感染者の隔離などを徹底できずに感染を拡大させてしまった。

その後、トランプ大統領は軌道修正し、外出自粛要請や緊急経済対策などを打ち出したが、それによって当初の失敗の責任を免れるわけではない。11月の大統領選の民主党最有力候補のバイデン氏はすでにトランプ氏への批判を強めている。好調だった経済もコロナ危機で失速し、「景気は後退局面に入った」との見方も出て、トランプ氏の再選に赤信号が灯ってきたが、それは米国の多文化主義社会の実現にも関係してくるだけに目が離せない。

本書の執筆にあたっては、フリー編集者の八木絹さん（戸倉書院）とかもがわ出版編集部の伊藤知代さんに大変お世話になった。この場を借りてお礼申し上げる。ダイバシティや多文化主義の推進に強い関心をお持ちの両氏と一緒に仕事ができたことを嬉しく思う。また、装幀者の本間達哉さんには無理なお願いを何度も聞いていただき、多文化社会アメリカのイメージにぴったりの表紙に仕上げていただいたことを感謝する。

２０２０年４月

矢部　武

著 者
矢部 武（やべ・たけし）

1954年、埼玉県生まれ。ジャーナリスト。70年代半ばに渡米し、アームストロング大学で修士号を取得。帰国後、米紙「ロサンゼルス・タイムズ」東京支局記者等を経てフリーに。人種差別から銃社会、麻薬など米国深部に潜むテーマを抉り出す一方で、高齢化や社会問題などを比較文化的に分析し解決策をさぐる。著書に『大統領を裁く国アメリカ』（集英社新書）、『日本より幸せなアメリカの下流老人』（朝日新書）、『アメリカ病』『60歳からの生き方再設計』（以上、新潮新書）、『人種差別の帝国』（光文社）、『大麻解禁の真実』（宝島社）、『危険な隣人アメリカ』（講談社）、『少年犯罪と闘うアメリカ』（共同通信社）など多数。

装 幀　本間 達哉

表紙・カバー写真撮影　矢部 武、本田 恒平、八木 絹

章扉写真撮影　本田 恒平

第1章　ニューヨーク、マンハッタン方向から見たブルックリン橋
第2章　ニューヨーク、5th avenueに聳えるトランプタワー
第3章　ニューヨーク、夜の地下鉄
第4章　早朝からビルに明りが灯るフィラデルフィア
第5章　ワシントン、リンカーン記念堂から見たリフレクティングプールと第二次世界大戦記念碑（以上、2019年9月）
第6章　韓国系の店が集まる大久保通り（東京都新宿区）のJR線ガード下（2020年3月）

アメリカ白人が少数派になる日
「2045年問題」と新たな人種戦争

2020年5月1日　第1刷発行

著　者　　©矢部 武
発行者　　竹村 正治
発行所　　株式会社　かもがわ出版
〒602-8119　京都市上京区堀川出水西入
TEL 075-432-2868　　FAX 075-432-2869
振替 01010-5-12436
URL http://www.kamogawa.co.jp
印刷所　　シナノ書籍印刷株式会社

ISBN978-4-7803-1085-6　C0031

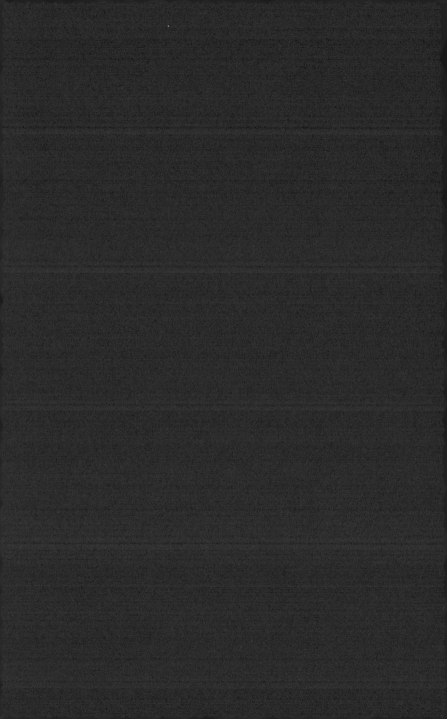